# 모서리가 무너지고 있어요

이다영

## 목차

프롤로그(들어가며) _ 8

## 1부 : 로부터

세상은 말간 얼굴이었다 _ 12
냉장고 속 열무무침 _ 20
모든 것의 시작을 생각한다 _ 28
아빠와 딸 _ 34
고담시티 _ 42
오늘 아침 그런 사람을 보았다 _ 50

## 2부 : 으로

바람이 드는 방향(에서)(으로) _ 60
사랑의 키스트로크 패턴 _ 64
두일과 다영 _ 70
원 투 훅 어퍼 _ 80
지장보살이 되어 드릴게요 _ 90
위령비(주차장) _ 98
걸어가고 있다 _ 104

# 3부 : 사랑을 담아

나태지옥을 아십니까 _ 110
그건 다 실비보험 때문이야 _ 118
Kyo야 _ 124
사랑의 파장, 파장의 사랑 _ 132
소나무관과 오동나무관 _ 142
사랑을 담아, 다영 _ 150

에필로그(…계속) _ 158

# 프롤로그(들어가며)

누구나 혼자서는 무너뜨릴 수 없는 모서리가 있다. 삶은 어쩐지 이 모서리를 능란하게 다루는 사람에게 승기를 쥐여 주는 것처럼도 보인다. 끝없이 날카로워질 수도, 끝없이 둥글어질 수도 있으니 모든 건 본인의 선택에 달렸다.

 그렇지만 날 서 있는 나의 모서리를 자꾸만 쓰다듬어 마모시켜 버리는 사랑이 있어 왔다. 뭉근하고 끝이 둥근 사랑. 우리가 가진 미움과 질투보다 언제나 더디게 늙어 가는 사랑. 모서리에 선 나를 서서히 앉혀 버리는 그 사랑들 말이다. 실감한 그 마음들에 대해 들여다보고 썼다.

# 1부 : 로부터

# 세상은 말간 얼굴이었다

처음으로 바짝 붙어 앉았던 보편의 환대를 기억하는가? 몇 번의 첫 환대들이 생각난다. 첫 만남, 첫 이별, 첫 합격, 첫 퇴사, 첫 여행… 그러나 기억과 별개로 모든 사람이 유쾌한 처음의 추억을 안고 사는 건 아니다. 삶의 어느 구석에는 꺼내놓지 못할 만한 시원찮은 처음도 있는 법이다.

모 학과 과팅에서 만난 남자에게 짧은 스토킹을 당한 적 있다. 멀끔한 애였다. 머리는 잘 빗어 넘기는지 깔끔하고 정갈

했고, 웃는 낯도 썩 괜찮았다. 키는 나보다 주먹 두 개 정도 컸고 딱히 어딘가 불량해 보인다거나 게을러 보이지도 않았다. 내가 상상할 수 있는 무난하고 평범한 아이 딱 그 정도였다. 우리는 술을 두어 번 함께 마셨다. 기억을 더듬어봐도 단둘이 만난 적은 없었다. 최면술을 받아도 그 기억의 변함은 없을 거다. 둘이서 어딘가를 걸었던 기억은 있지만 정문에서 동문으로 이동하는 정도의 평범한 초행길이었다. 그때 우리는 신입생이었을 뿐이다.

무언가 잘못되어 가고 있다는 걸 느낀 건 그로부터 몇 주가 지난 날이었다. 친구들과 닭발집에서 술을 먹고 있는데, 가게 통창 밖으로 어떤 형체가 슥 하고 지나가 차 뒤로 숨었다. 고양이라기에는 컸고 자동차라기엔 작았으니 사람일 수밖에 없었던 그것.

직감적으로 알았다. 그 아이다. 술자리가 파하고, 설마 하는 마음에 주차된 차 근처로 다가갔다.

"흠흠. 혹시 너... ○○○야?"
그 애는 나와 눈이 마주치고 머쓱하다는 듯 웃으며 걸어

나왔다.

"아, 지나가다가 우연히 만났네."

그러더니 슥 말을 바꿨다.

"사실 너 보고 싶어서 기다렸어."

어쩌자고 이렇게 로맨틱하고 소름 끼치는 말을 하는 걸까. 그러나 나는 웃고 있었다. 분명 웃어줬던 것이다.

"고맙지만 난 막차 시간 때문에... 다음에 봐."

그 이후엔 아주 당당해진 모습으로 나타났다. 그 아이는 몇 번 데이트를 신청했고, 꼼짝 없이 나는 데이트를 해야 했다. 그때는 그를 마주하는 것보다 '대나무숲'에 '지가 잘난 줄 아는 ○○녀'로 올라오는 게 더 무서웠다. 한 번은 찜닭집, 또 한 번은 학교 앞 카페였던 걸로 기억한다. 카페에서는 너무 가까이 앉은 탓에 마음이 웅웅하고 울렸다. 최대한 정중하게 거절할 수 있는 후보 멘트들을 마음속으로 고르고 고르느라 대화도 기억나지 않는다. 떨어지는 이파리 하나도 피해 걸어야 했다. 진저리 나는 마음에도 데이트를 견뎠던 건 그에 대한 환대였을까 어쩌면 공포였을까.

어떤 공식인지는 정확히 몰라도 대충 미소 · 사랑 · 환대가 차별·혐오·무례·배반을 이길 수 있다고 자신했던 내가 있다. 성인으로 갓 태어났다는 이유만으로 여러 의미에서 무시무시한 어렸던 나. 그때의 나는 말간 얼굴이었던가. 그래. 분명히 말간 얼굴이었으리라. 노스탤지어라는 단어의 용도가 무엇인지 모를 정도로.

과거의 과거를 영문법적으로는 대과거라 부른단다. 나의 대과거는 환대였다. 끔찍이 생각하는 일련의 사건들보다 더 과거인 대과거. 환대가 공포로 돌아온다는 체험이 없어, 비범하고 어딘가는 경이로워 보이기까지 하는 과거의 과거. 그러니 아무 생채기 없는 말간 얼굴이었을 수밖에. 이제는 그 말간 얼굴도 환대도 어느 방향으로 흩어졌는지 알 수 없는 일이다.

공포심을 향한 환대뿐이었으랴. 무엇이든 그냥 사랑해버리면 그만 아니야? 라며 자신했던 나도 그곳에 있었다.
남자 친구가 널 두고 바람피우면 어떻게 할 거야?
라는 질문에
한 번은 봐주고 싶어.
사랑하니까

라며 겁도 없이 말하던 얼굴이 있다.

 내가 처음으로 사랑한 두부는 건축공학과였다. 건축공학이 뭐냐고 물으면 본인도 잘은 모른다며, 건물이 무너지지 않도록 제반 사항을 잘 다듬는 공학적 설계를 일컫는다고 했다. 두부와 데이트할 때는 자주 크고 높은 다리 아래를 지나갔고, 그때마다 그와 낀 팔짱에 힘을 줬다. 건물의 크랙이 많을수록 두부에게 꼭 붙어 있었고, 가끔은 실눈을 뜨고 걷기도 했다. 모르긴 몰라도 건축과 공학에 대해 잘 아는 그와 함께 있으면 건물이 무너져도 솟아날 구멍을 찾아낼 것만 같았다. 금이 간 오래된 건물 사이를 산책하며 이 건물의 안전진단은 몇 등급일지 가늠해 보는 것도 우리만의 루틴이었다. 다른 의미로 마음이 공명했다. 웅웅웅웅.

 스페인을 여행하던 시절, 두부는 각 나라의 건축물 그림이 그려진 엽서 뒤에 그 건축물의 역사와 의의 따위의 것들을 편지로 써서 내게 보냈다.

 *사그라다 파밀리아 대성당은 스페인어로 '성스러운 가족 성당'이라는 의미야*

라든가

*카사 밀라는 산업화 시대 초기를 보여주는 좋은 산물이야*
라든가…

  사실 나는 카사 바트요를 가장 좋아했지만 말하진 않았다. 두부가 좋아하는 걸 나도 좋아할 수 있으니까. 두부만 있으면 건축 양식이니 신성을 향한 미감이니 하는 것들은 무의미의 던전 아래로 굴러떨어졌다. 그 시절 내 인생에서는 두부가 첨탑이었다. 언젠가는 두부도 그런 건물을 지을 거라고 믿었다. 높고 단단하지 않아도 괜찮고 신의 가호를 받지 못해도 그만이었다. 어쩌면 안전진단 E등급을 받더라도 상관없겠다 생각했다. 그래도 나는 그를 믿고 그 건물 아래를 산책했을 테니까.

  두부는 그 다음, 다음, 다음 해, 여섯 살 연상의 의사와 바람이 났고 나는 금 가지 않은 건물의 안정성도 의심하는 어른으로 자랐다. 우습게도 나는 뒤늦게 카사 바트요가 불법 시공으로 시작된 건물임을 알게 된다. 건물의 행정적 절차를 무시한 가우디는 시에서 허가가 나기 전에 공사를 시작했고, 감독관은 크게 분노했다고 전해진다. 작업 종료 명령

에도 불구하고 건설은 계속되었고, 공사를 시작한 지 8년 만에 마침내 임대권이 부여되었다고 한다.

두부와의 헤어짐으로부터 6년이 지났다. 카사 바트요의 감독관보다 조금 이르게 나는 그를 용서했다. 그가 짓는 건물이 무엇이든 그 천장엔 부서진 재료들로 장식했으면 좋겠다는 웃긴 생각도 한다. 유리와 단추와 조개와 도자기 같은 것들이 온전했다가 깨졌다가 다시 붙어 빛나는 모습들을 봤으면 좋겠다고. 네가 깨트린 내 환대가 어딘가로 흘러가 근사해졌다고. 그러니 너도 안전 등급을 잘 받을 수 있는 건물을 지으라고.

나는 두부를 사랑했고 낯선 호의에 다정했고 그러니 그때의 나는 말간 얼굴이었다. 세상이 말간 얼굴이었으므로.

# 냉장고 속 열무무침

냉장고 속에서 할머니가 무쳐 준 열무나물을 본다. 이 열무나물을 만들기 위해 열무를 고르고, 다듬고, 씻고, 버무렸을 그녀를 생각한다. 더운 것도 모르고 팔팔 끓는 물에 소금을 넣고 열심히도 열무를 데쳤을 얼굴을. 호수 위에 배 한 척 띄워 둔 것처럼 잔잔한 그녀의 얼굴은 내가 '밥을 아직 못 먹었다'는 말만 하면 일순간에 붉그락해진다. 화가 없는 그녀가 내게 화 비슷한 걸 내는 유일한 순간이기도 하다.

서울에 살기 전에는 열무나물이라는 건 어디선가 불쑥 태어나는 것 같았다. 냉장고를 열면 언제고 할 것 없이 가지런히 누워 있었고, 죽죽 시들지도 않아 싱싱했다. 생사 확인을 하지 않아도 결혼을 턱턱 하고 아이를 순풍순풍 낳으며 잘만 지내고 있다는 먼 친척 누군가처럼, 찾는 사람 없어도 늘 그 자리를 지켰다. 그러나 살다 보면 이 나물이라는 것 하나에도 안간힘이 필요하다는 걸 알게 되는 때가 온다.

  부끄럽지만 나는 아직도 갓, 열무, 쑥갓, 취나물을 구분하지 못한다. 어떤 것은 100g당 1,000원이고 어떤 것은 100g당 1,500원이라는데, 500원으로는 아무것도 할 수 없는 이 세상에서 그 정도 차이는 내게 종이 한 장일 뿐이다. 그뿐인가. '열무를 살짝 데친다'는 건 연한 살이 흐물거릴 때까지 데치는 건지, '찬물에 담가 열기를 빼다'는 건 완전하게 차가워질 때까지 방치하라는 말인지, '먹기 좋은 크기로 썰라'는 건 내 기준인지, 성인 남자 기준인지…. 레시피를 하나하나 따지다 보면 무침은커녕 열무를 사러 나가는 일부터가 곤욕이 되는 것이다.

  그러니 그런 내게 할머니가 '살짝 데쳐' '찬물에 담가 열기를 뺀' 다음 '조물조물 양념에 무쳐' '먹기 좋은 크기로 썰어' 준 열무나물은 일종의 작은 혁명이다. 할머니의 열무나물로 아침을 시작하는 날엔 마치 바둑의 백돌을 양보하고도 승기를 쥐는 것처럼 마음이 넉넉해지는 것이다.

 오후 아홉 시 사십 분. 저녁을 먹기엔 지나치게 늦었고 그냥 잠들기엔 뱃가죽이 갈비뼈에 들러붙을 지경이라 냉장고를 연다. 몸도 마음도 잔뜩 곤죽이 된 날이라 열무나물에라도 소리치고 싶었는지도 모르겠다. 나는 아무리 열심히 자라도 아직 이십 대였고 어디에 소리를 쳐야 내 목소리를 듣지 않을 수 있을지 몰랐다. 고함친 목소리가 공명하여 다시 돌고 돌아 내게 들렸다면 정말 울어 버릴 것 같아서, 목소리를 가둬 둘 곳이 필요했다. 그리고 우연히 냉장고가 눈에 들어온 것이다. 허기를 향한 해결책을 잔뜩 안고 있는 냉장고가. 그곳에 기침이라도 해 버리고 싶었다.

 그러다 쉬내 나는 열무나물을 발견하고 만다. 나를 강생이*라고 부르던 그녀, 본인이 억울한 건 참아도 내가 배고픈 건 못 참던 그녀, 오랜 시간 서울에서 치킨 장사를 한 그녀, 포대기에 나를 감싸 안아 시장에서 고사리를 판 적이 있었

*강아지의 사투리

다는 그녀, 입으로는 살 빼라고 말하면서 고기 산적을 잔뜩 구워 내어 오던 그녀, 오십부터는 어떻게 시간이 가 버렸는지 모르겠다는 그녀, 눈 감았다 뜨니 죽을 날이라 서럽다던 그녀…. 그런 그녀의 열무나물이 냉장고에서 잠들다 못해 쉰내를 내고 있다.

얼마 전 경상도에서 큰 화재가 났을 때, 할머니에게 전화를 걸었다. 여차하면 달려갈 생각이었다.
"할머니네 동네는 괜찮대? 지리산에서 우풍이 불면 어떡해."
그녀는 과잉된 내 마음을 느꼈는지 아무렇지 않게 대답했다.
"여는 뭐 근처에 들판뿌이 없어서 게안타. 지리산에서 여까지 올라카믄 멀따."
그러고는 마치 급한 약속을 잊기라도 한 듯 다급하게 덧붙였다.
"근데 니 열무나물 다 뭇나? 파김치 좀 가지러 오니라."

그게 그녀의 특권이었다. 열무나물 하나로 모든 걸 무력화해 버리는 것. 종종거리던 나를 일순간에 매끈한 웃음으로 바꿔 버리는 것. 척추가 아플 정도의 쓰라린 걱정을 반드시 사라지게 만드는 것. 지긋지긋한 출근길 과호흡을 잊고 자꾸 수용하게 만드는 것. 그리하여 최대한 살아 있어 줬으면 좋겠는 것.

2024년식 모 브랜드 음식물 쓰레기 처리기. 인생의 질이 달라진다는 추천과 다신 오지 않을 할인가라는 말에 라이브 알림까지 설정해서 야무지게 구매한 제품이다. (물론 그들의 추천 제품은 매번 갱신되고, 다신 오지 않을 할인가는 다시 또 오더라.) 쓸 수 있는 쿠폰을 다 써도 60만 원이 훌쩍 넘었다. 이미 100만 원짜리 로봇청소기 할부금이 반 이상 남았기에 경유하는 방법을 쓰기로 한다. 아빠의 도움을 받은 것이다.

아빠는 말했다.
"아빠가 돈 보내 줄게. 구입하셔."
그리고 바로 이어 말했다.
"점심 맛나게 드셔."
마치 포만한 음식물 처리기를 향한 말처럼 들렸다.

음식물 쓰레기 처리기를 사고 삶의 기척이 달라졌다. 쌓아 두지 않아도 된다는 후련함. 그러나 버튼 하나만 누르면 간편하게 할머니의 열무나물이 사라진다. 게다가 이제 비어 버린 냉장고를 향해 소리를 치면 빠르게 울려 내 목소리가 돌아온다. 냉장고를 열고 우는 일도 하나의 사태가 된다. 꼼짝없이 내 울음소리를 내가 소화해야 한다. 이제 냉장고는 포만하지 않으니까. 그런 게 슬프다. 그렇지만… 그런 게 또 후련하다. 바짝 분쇄된 음식물(이었던 것)에게서는 갓 오븐에서 꺼낸 쿠키 냄새가 난다. 웃긴 과장이지만 다시 태어난 것 같기도 하다. 냉장고 속 찌꺼기들은 차게 줄지어 오늘도 기다린다. 빠르게 분쇄되고 건조되고 기어이 사라지기를.

모든 것의 시작을 생각한다

모든 것의 시작을 생각한다. 그러기 위해 생각을 시작한다. 대부분의 것들에는 탄생이 있다. X-mas가 그리스도를 뜻하는 희랍어 '크리스토스'의 'X'에서 왔다든가, 인류 최초의 전화기는 그레이엄 벨이 발명했다든가, 영어사전의 발음 기호는 국제 음성 협회에서 만든 것에 따르기로 했다든가… 웃긴(슬픈) 건 '시작했다'고 인정받는 대개의 것들이 1990년 이전에 탄생했다는 거다.

1995년에 태어나 2025년에 갓 서른을 맞은 나는 어쩌면 무언가 새롭게 창작하기에 너무 늦게 태어난 걸지도 모른다. 세상은 이미 오래전에 시작되었다. 내가 없는 시절에도 사람들은 붉은 눈으로 시를 쓰고, 사랑이란 이름으로 얼룩을 덮어쓰고, 찬바람을 껴안고 잠들었을 것이다. 나는 브레이크 타임이 끝나고 처음으로 들어온 손님처럼, 뒤늦게 쭈뼛거리며 다 치워진 식탁 앞으로 가서 앉을 뿐이다. 식탁은 깨끗하게 정돈되어 있다. 마치 내가 첫 손님인 것처럼 응대도 친절하다. 그러나 기시감이 따라붙는다. 식탁에 누군가 앉았던 흔적과 냄새가 불규칙적으로 흩어져 남아 있다. 이 세계가 복사와 붙여넣기로 만들어진 것 같다는 뉘앙스를 받는다. 아뿔싸, 태어나자마자 늦었다.

1700년대에 태어났다면 나도 대단한 크리에이터나 소설가가 되었을지도 모른다. 어쩌면 거대한 참치를 잡은 어부나 이름깨나 날리는 상인이 되었을 수도 있다. 브랜딩이라는 개념이 생기기 전에 태어났다면 브랜드의 아버지 '데이비드 아커'가 되었을 수도 있고, 마케팅의 아버지 '필립 코틀러'의 자리에 내 이름 석 자가 박혀 있었을 수도 있겠다. 요즘 같은 시대에 새로운 창작물이랍시고 꺼내 놨

다가는…

↳ 엥 이거 표절인데
↳ 내가 초딩 때 했던 거임 ㅋㅋㅋ

 국민 가수, 국민 첫사랑, 국민 트로트 신동, 국민 남자 친구… 국민 어쩌구가 붙은 사람들도 피해 가지 못했다. 시작된 모든 사랑은 이미 끝났다. 흥얼거리던 멜로디는 분명 무심결에 어디서 엿들었던 거다. 제법 잘 만들어진 위트 하나로 아무리 깔깔거려도 언젠가 낡은 농담이 된다.

 초등학교 때 내가 도무지 생각해도 답을 찾지 못했던 건 '닭이 먼저냐 달걀이 먼저냐' 하는 소위 달걀 논쟁이었다. 더 나아가서 뫼비우스의 띠? 그딴 건 생각하기도 싫었다. 시작점이 있어야 일이 마무리되는 거 아닌가. x값이 있어야 y값이 나오는 것처럼 나는 매번 시작이 되고 싶었고 끝을 뒤돌아 문 닫고 나오고 싶은 사람이었다. 사랑하는 사람이 생기면 그 사랑의 시작점을 노트에 적어봐야 직성이 풀리는 그런 사람. 달걀을 최초로 낳는 그 닭.

그런 초딩이 서른이 되었다. 스티브 잡스는 서른에 애플에서 잘렸고, 빈센트 반 고흐는 한국 나이로 대략 서른에 그림을 그리기 시작했다. 같은 나이에 퀴리 부인은 딸을 잃었고 이다영은… 일단 누워 있다. 나 같은 '게으른 완벽주의자'에게 '완벽한 처음'이 없는 이 세상은 너무 가혹하다. 무기력은 시작과 끝을 모르고 들이닥친다. 의지가 무화(無化)되는 지점은 빠르게 다가온다. 그걸 피하기엔 난 너무 어리다. 늦게 태어났기 때문이다.

그럼에도 나는 문장을 하나 덜컥 세운다. 이미 모든 것이 태어났다고 말하면서도 누군가는 여전히 만들고, 부수고, 다시 만들고 있기 때문이다. 제1의아해가 무섭다고* 그러는 것과 별개로 제13의아해도 무섭다고 한다. 새로운 아해의 새로운 무서움이 끊임없이 태어나고 있다. 다들 이 사랑이, 이 두려움이, 이 슬픔이, 이 단절과 유연함이, 이 싸움과 처연함이, 이 원망과 기다림이, 이 어리숙이, 이 용서가, 이 페이소스가, 이 거짓말이, 이 고독이 유일하지 않다는 것을 알면서도 유일한 시작인 척 살아간다.

그럼에도 불구하고 살아가는 동안, 아주 가끔,

*이상의 오감도

처음이다 싶은 순간이 어디선가

쓸쓸하게

반짝

인

다

그러니 나는

다시 끝을 향해 달려가는 수밖에.

# 아빠와 딸

첫 짜장면의 기억은 당구장이었다. 아마 다섯 살도 안 되었을 나는 아빠의 조기축구회 멤버들에 둘러싸여 흰 공이 데굴데굴 굴러가는 모습을 보고 있다. 어떤 아저씨는 담배를 피우며 큐대 끝에 초크를 문질러 대고, 어떤 아저씨는 웃통을 벗은 채 얼큰하게 취해서 자는 풍경이 낯설지 않다. 나는 그들의 땀 냄새와 담배 냄새 사이 어디쯤에서 코를 막고 쭈쭈바를 핥아 댄다. 한 팀에서 점수라도 따면 점수판의 주판을 내가 옮기겠다고 고집도 부린다. 그마저도 지루해지면 아마도 저 멀리 복현오거리에서 우회전 중일 짜장면을 기다리며 천장의 꼬불꼬불한 무늬를 관찰하는 것이다.

 아저씨들은 뭐가 그렇게 까다로운지 초구를 어디에 놓으면 안 된다, 이런 식의 쿠션은 용납할 수 없다, 이럴 거면 포켓볼을 치지, 뭐 하러 사구를 치냐, 우리 동네에서는 이런 규칙 없다는 둥 이야기들로 목소리를 높인다. 그러다 문득 나를 쳐다보며 묻는다.

"카믄 다영이가 하라는 대로 해뿌입시더."
"다영아, 누구 말이 맞노? 니 함 봐봐라."

 저쪽 편 먹은 사람들에게는 썩 미안하지만서도, 나는 답이 정해져 있는 어린이였다. (사구 규칙은 뭣도 모르면서) 성인 뼈마디의 반절도 안 되는 손가락의 심판대가 향하는 곳은 매번 혈육이 당기는 쪽이었고 아빠는 그럴 줄 알았다는 미소를 짓는다.

"아따 마, 자도 역시 피를 못 속인데이. 까탈스럽긴 해도 여 윽시 가재가 네 편이다 아이가."
"아이고 그래, 느그 이 씨 가문 대단타 대단햐~ 느그 다

해무라!"

 승기를 잡은 아빠와 나는 화사하게 웃는다. 지금보다 머리가 덜 빠진 아빠는 당구 조명 아래 껄껄대며 웃고 있다. 초크가 얼굴에 묻은 것도 모른 채. 나는 짜장면을 입 안 가득 묻히고 먹은 다음 입고 있던 나시 끝자락으로 대충 슥슥 닦아 내고, 지루함이 묻어 나오는 표정으로 아빠를 바라본다. 그럼 그는 소리 내지 않고 입 모양으로만 말한다. '이번 판만 하고 가자! 응, 알았지? 아빠 약속~'

 지키지 못할 아빠의 그 입 모양 약속이 좋았다. 한시적으로 허락된 딸과 아빠의 느슨하고 유연하면서도 꼭 맞는 그 연대감이 좋았다. 그가 보여주는 사구의 세계와, 장난기 섞인 재채기와, 끈질기게 두터운 손마디들과, 카라 끝에서 나는 미미한 소주 냄새와, 맵싸한 회초리와, 조기축구를 할 때의 장딴지와, 쩌렁쩌렁한 음색이 좋았다. 언젠가 우리는 '아빠와 딸'이라는 이름으로 맞춤형 대열로 분류되던 시절이 있었다.

 그러나 화사하게 웃던 나는 조금씩 대열을 이탈한다. 서른이 가까워지는 나이에도 여전히 사구의 규칙은 모르고(심지어는 쳐 본 적도 없으며), 요즘 당구장의 점수판은 디지털화되었다. 대학가 당구장에서 짜장면을 시켜 먹으며 세 시간이고 네 시간이고 죽치는 손님은 찾아보기 힘든 것이다.

게다가 언젠가부터 짜장면은 피하게 되었다. 혈당을 올린다는 어떤 교수의 영상을 본 다음이었던가, 거하게 체하고 이틀을 꼬박 앓았기 때문이었던가 기억은 나지 않는다. 잘 쳐 준다면 중식 코스 요리 전문점 정도에 가서 마지막으로 선택할 수 있는 식사 자장면을 먹는 정도였지만… 그건 짜장면이 아니었다. 자장면이라는 이름에 더 가까운 정교하고 군더더기 없는 요리. 전분이 많이 들어가지 않아 적당히 입이 텁텁하고, 싸구려 춘장을 사용하지 않아 이 사이에 끼지도 않는. 아빠와 당구장에서 먹었던 짜장면은 '옛날식 짜장면'이라고 검색해서 찾아가야만 먹을 수 있는 요리가 되었고, 나는 훠궈나 마라탕을 더 좋아하는 뻔한 MZ가 되었다.

'아빠와 딸'이던 나는 '아빠' '와' '딸' 사이가 되었다. 딸은 취직과 동시에 독립을 했고, 살았는지 죽었는지 무소식이 희소식인 얄궂은 출가외인이 되었다. 본인이 아주 무성생식이라도 해서 태어난 양 세상 만물 모든 것을 아는 체하는 바보가 되었다. 사랑한다는 말보다 어디 번화가 갈빗집 10만 원 식사권을 덜렁 보내는 게 더 간편하다고 치부하는 무참한 사람이 되었다. 나라의 시국을 걱정하며 시위대에 합류하지만 제 속을 뒤집어 물혹을 떼어냈다는 말은 하지 않는 직장인이 되었다. 옆자리 동료에게는 선선한 미소로 좌석 사용법을 알려 주지만 제 아비 메일 계정 통합 방법에 대해서는 대충 알려 주곤 전속력으로 끊는 모질이가 되었다. 사회생활에 질펀하게 두들겨 맞은 날에는 무단횡단처럼 일방적으로 외면하고 칩거하기도 하는… 그런 화사하지 못한 딸이 되었다.

## 출필고반필면 (出必告反必面)

본가의 현관에 붙여져 있는 글. 무릇 사람의 자식 된 자는 외출 시 반드시 부모에게 행선지를 밝히고, 집에 돌아오면 부모의 얼굴을 보고 돌아옴을 알려야 한다는 뜻이다.

그러나 나이듦과 슬픔은 들어옴과 나감을 모르고 훌쩍 다가온다. 나는 아빠의 어떤 관절로 슬픔이 들어오고 어떤 뼈마디로 외로움이 나가는지 알지 못한다.

아빠는 평생 딸의 뒷면을 모르고 살아갈 것이다. 딸이 아빠의 사구 규칙을 모르듯. 그들은 묵직한 행복이 다시 이 모서리에서 저 모서리까지 뻗어 갈 수 있도록 구석진 부분에 그저 창을 열어 두고 바람이 통하게 하고 위로를 개어 두고 쓸쓸함을 성실히 으깨고 기어 다니는 슬픔을 흠씬 두들겨 패면서 가지런히 기다릴 뿐이다. 자장면이 아닌 짜장면을 함께 먹을 때까지. '아빠' '와' '딸'이 '아빠'와 '딸'을 넘어 다시 '아빠와 딸'의 대열로 합류할 때까지. 소리 없는 입 모양만으로도 서로가 서로를 알아줄 수 있을 때까지. 언제고 언제까지고

고담시티

집에 꽃을 사들이기 시작하면서부터 가장 놀랐던 건 줄기 끝을 불로 지지는 방법이 꽃의 유지력에 효과적이라는 거였다. 꽃줄기를 일직선이 아닌 대각선으로 비스듬히 자르면 물을 흡수하는 면적이 넓어지고, 그 다음 불로 태우면 불순물 제거에 효과적이라고 한다. 그렇게 불순물이 제거된 줄기는 일명 모세관 현상이라 부르는, 외부 힘의 도움 없이 물이 좁은 관을 타고 올라가는 데 도움을 준다. 그런 원리로 한

바탕 지져진 꽃은 물을 흡수하는 힘이 더 강해진다는 거다.

 지식인에서도 블로그에서도 초보들에게는 이 방법을 추천한다지만 난 그런 건 모르겠고… 내가 골라 온 꽃에 불을 댄다는 게 겁나서 한 번도 시도해 보지 못했다. 그 덕분인지 내가 사 온 꽃들은 물관에 불순물이 빨리 끼어 금방 부패했다. 아무리 물에 영양제를 타 주거나 물을 여러 번 갈아줘도 별 소용없었다. 꽃집에서 골라 들던 그 순간부터 시들기를 결심했다는 양 빠르게 죽어 갔다. 뒤늦게 후회해서 불을 붙여도 소용없다. 이미 죽은 꽃에 불을 붙이는 건 다름 아닌 그냥 화장(火葬)일 뿐이었다. 애도에 가까운.

 돗자리 집에 거주하며 불을 지르고 그 재를 비료로 사용하는 화전민들도 시원하게 불을 지르는 기개가 그해의 농사를 좌우한다고 한다. 나처럼 아물대다가는 시기를 놓쳐 다른 화전민에게 땅을 빼앗기거나 들풀이나 잡목과 함께 타오를 따름이다. 척박한 땅일수록 끈질기게 씨름한 사람만이 제대로 화전(火田)할 수 있다. 고향이 될지도 모르는, 언젠가 고향이었던 그 공간을 직접 불로 질러야만 경쟁에서 이겨 그 땅을 차지한 다음 다시 어딘가로 떠날 수 있는 것이다.

[ㅁㅁ시 근황]
↘ ㅁㅁ역 궐기 쥑이네. 진짜 정치적인 도시 그 잡채.. ㅇ
ㅈ합니다
↘ 야 이거 진짜냐, 부끄럽겠다
↘ ㅁㅁ는 결국 ㅁㅁ의 딸들에 의해서 무너질 거임

 헤드라인에 적힌 고향의 이름을 보고 클릭한 커뮤니티 글. 그리고 그 글 아래 달린 댓글들. 이 글을 공유해 준 친구는 말한다.

 [원래 알고는 있었지만 우리의 고향은 진짜 고담시티 아니냐 ㅋㅋㅋ]

 나는 동조도 반박도 하지 않고 웃는 시늉을 하는 이모티콘을 보낸다. 내가 내 고향을 무너뜨려야 한다는 말에 격하게 찬성해야 하는지 미미하게 반대해야 하는지 알 수 없다. 본인이 세운 나라를 본인 손으로 무너뜨린 견훤처럼 불현듯 헛헛해질 뿐이다.
 이십 대보다 삼십 대 가까이에서 만난 사람들은 나의 고향을 들으면 놀라며 말한다.

"어, 근데 왜 사투리 안 쓰세요?"

"사투리 완전 빨리 고쳤네요."

나는 지금 사투리를 고쳤나. 아니, 정말 나도 모르는 새에 사투리를 '고치고 싶어' 했나. 마음 한구석에선 은근히 한국 사람들의 스테레오타입에 맞는 '표준어'를 구사하고 싶었던 가. 사투리의 리듬감과 억양을 그 누구보다 사랑하던 내가?

이천이십오 년을 살아가는 현대인에게 고향은 네임택 그 이상이다. 소고기 등급 체계와 비슷하게 어딘가 박혀서 잘 지워지지 않는 고향의 이름. 이 악물고 그곳을 불 지르고 뒤 돌아 달리지 않는 이상 벗어날 수 없다.

발 아래를 바라본다. 오랜 시간 뻘에 빠져 있던 사람처럼 닦이지 않는 엔젤링이 발목에 멋쩍게 남아 있다.

어떤 사람들은 태어나면서부터 응원할 야구팀을 손에 쥐 고 탄생하고, 탯줄을 자르면서부터 어떤 가능성을 거세한 다. 내 고향의 부동산 공실률과 서울 투기과열지구의 집값

상승표나 인구 밀집도를 대조해 보면서 그런 상상을 한다. 부자들이 하와이로 원정 출산을 떠나듯 우리 엄마도 한강으로 원정 출산하러 왔더라면… 저 강북 변두리에 다 무너져 가는 빌라에서라도 나를 낳았다면… 그렇게 해서 재개발이라도 추진되었더라면…

 아쉬움은 대를 타고 올라간다. 그런 생각이 들면 생각의 꼭대기를 비스듬히 잘라내고 임장을 간다. 주머니에는 단돈 1억도 없지만 일단 가는 '의미 없는 임장'. 잠실나루에서 강변으로, 강변에서 다시 내려 잠실나루로 한강에 부표처럼 떠 있는 근사한 아파트들의 반사체들을 감상하기 위한 가짜 임장 말이다.

 땅끝마을이 고향인 H는 상경 1년 만에 사투리를 완벽하게 고쳤다. 서울 깍쟁이라고 해도 손색없을 정도다. 결혼정보회사에서는 그녀가 H시 출신이라는 것을 듣자 난색을 표하며 혹시 결혼식을 고향에서 하고 싶은지 물어봤다고 한다. H가 그러겠다고 하자 결혼정보회사 직원의 표정이 흐뭇했는지 난감했는지는 알 수 없다. 강원도 산골이 고향인 Y군은 마트에서 파는 정갈히 깎인 감자의 가격표를 보고도 뜨악

하지 않은 법을 깨우쳤다. Y는 또래보다 빠르게 주택 청약에 가입했다. 그러나 본인 수중에 맞지 않는 아파트에 크게 베팅했다가 '생애 최초' 타이틀만 잃게 된다. 바닷가 마을이 고향인 P는 서초의 횟집에서 터무니없이 비싼 회를 사 먹으면서도 태연하게 카드를 잘만 낸다. 그게 대부분 법인 카드라는 점은 다행으로 생각한다.

 다소간의 시행착오는 있지만, 이들은 대개 그들의 뿌리를 대각선으로 잘 자르고 불을 지르고 있다. 하다못해 라이터라도 집어 들었을 테다. 내가 불을 지를까 말까 망설이는 시간 동안 서울의 집값은 계속 오른다. 상상할 수 있는 그래프보다 더 오른쪽 위로 향하고 있다. 정말이지 미지의 오른쪽이다.

 고향을 빨리 끊어내야 한다. 그곳에 대한 연민과 아쉬움, 같은 값이면 더 큰 사이즈의 아파트에 살 텐데 하는 미련, 낮은 등고선에 대한 그리움을 버려야 하루빨리 부자가 될 수 있다. 그런데 나는 왠지 불을 지르는 시뮬레이션도 할 수가 없다. 마치 명왕성이 고향인 사람처럼 나아갈 수도 머무를 수도 없다. 망설이는 동안 계속해서 뿌리 어딘가 부패하고 있다.

오늘 아침
그런 사람을 보았다

오늘 아침 '그런 사람'을 보았다. 오늘은 누구에게도 아무것으로도 다짐하는 일 따위 없을 것이라던 사람. 그러나 '그런 사람'의 다짐은 집 밖을 나서자마자 꺾이고 만다. 아무에게도 무엇으로도 빚지거나 빚내지 않을 것이며, 안부조차도 묻지 않겠다는 다짐. 혼자 태어나서 살아가듯 아무것도 침해하지 않고, 아무 소식에도 슬퍼하지 않고, 아무와도 상념하지 않겠다는 다짐들. 그 다짐이 일시에 바닥으로 쏟아지듯 부어진다.

'그런 사람'은 기억한다. 육 년 전 에티오피아 아디스아바바의 초등학교 1학년 교실 한쪽 구석에서 코골이를 번갈아 나누던 '흰 아이'를. '그런 사람'과 '흰 아이'는 동갑내기였다. 국외 봉사로 만난 그들은 친구라기에는 멀고, 지인이라기에는 가까웠는데, 산악 구보나 벽화 그리기를 함께 하기도 하며 에티오피아에서의 시간을 제법 즐겁게 보냈다. '그런 사람'은 염세주의적이었으나 다정하려 노력했으며, '흰 아이'는 올곧았으나 말수가 적었다. '흰 아이'는 '그런 사람'에게 아까운 줄도 모르고 이면지로 쓰라며 본인의 일기장을 부욱 찢어준 일이 있었는데, '그런 사람'은 이에 대한 보답으로 '흰 아이'의 일기장 한구석에 짧은 손편지를 남겨두었다. '흰 아이'가 그 편지를 몇 살에 발견했는지, '그런 사람'은 아직 알지 못한다.

'그런 사람'은 기억한다. 어스름한 새벽녘에 반사된 희고 옹골찬 뼈마디 몇 개를. 가끔은 꿈결에 '흰 아이'의 뒷목을 바라본 일도 '그런 사람'에게는 잊히지 않는 장면 중 하나다. 모세혈관이라도 보일 것 같던 투명하고 흰 뒷목. 새근새근 잠들어 있던 그 뒷목이 곧게 펴지며 뚜둑 소리를 내던 일. 에티오피아의 작열하는 태양 아래에서도 쉽게 타지 않던 흰 볼. 십여 년 뒤에는 누군가의 엄마가 되어 저녁밥을 퍼내고 있을 것 같게 생겼던 손. 그러나 그와 반대로 아무것도 되지 않아도 강인했던 손.

 '그런 사람'은 '흰 아이'가 준 2024년용 다이어리를 정리하다 문득, 지난 일 년 반 동안 그녀와 연락이 뜸했음을 상기한다. 마침 곧 '흰 아이'의 생일이 다가오고 있었고, 연락을 했고, 선물을 보냈으나, '흰 아이'가 아닌 '흰 아이의 어머니'에게서 답장이 왔을 때는 무언가 잘못되었음을 직감했다. '흰 아이'는 이제 '흰 나무'가 되었노라고 그녀의 엄마는 말했다. 이제 '흰 아이'가 아니고, '크고 단단한 꿀밤나무'라고.

 '그런 사람'은 두서없이 변명한다. 당신의 슬픔을 상기시킬 의도는 없었으나, 꿀밤나무의 위치를 물어보고, 찾아가기로 약속하고, 이미 보낸 '온 가족 영양 젤리'는 대신 수령해 달라고 당부하며, '흰 아이'가 얼마나 희고 단단한 아이였는지 설명하다 지우고, 좋은 밤을 보내라고 마무리한다. '흰 아이'의 어머니가 '부담 가지지 말고 언제든 기회가 되면 오라' 일렀지만, '그런 사람'은 마지막 카톡에 '좋아요'를 누르지 못한다. 어찌할 바를 모르며 서둘러 채팅방을 나설 뿐이다.

'그런 사람'은 '흰 아이'에게 받은 2024년용 다이어리를 의미 없이 살핀다. 2024년의 반도 살아내지 못한 '흰 아이'가 자신에게 하반기의 시간을 선물해 줬다고 생각한다. 그러다 퍼뜩 그게 어떻게 가능한지 알지 못한다. 어딘가 조금은 자신과 닮았고, 어딘가 조금은 자신과 완전히 달랐던 '흰 아이'의 얼굴을 기억해 내려 애쓴다. 나뭇잎 뒷면에 털이 없는 꿀밤나무의 사진을 보며 꼭 그녀의 뒷목 같다고도 생각하며 잠든다. 다시는 '흰 아이'의 안부를 물을 일 없겠다는 생각과도 함께.

 오늘 아침 '그런 사람'이 있었다. 오늘은 누구에게도 아무것으로도 다짐하는 일 따위 없을 것이라던 사람. 아무에게도 무엇으로도 빚지거나 빚내지 않을 것이며, 안부조차도 묻지 않겠다던 사람. 괜히 안부를 물어보는 바람에 '흰 아이'의 흰 뼈마디가 수목으로 재생되고 있다는 것을 누구보다 먼저 알게 되어버린 사람. 사실은 이 진실을 알고 싶지 않았던 사람. 사랑했던 사람들에게 건네는 안부라는 심줄이 얼마나 길고 단단한지 알고 싶지 않았던 사람. 돌아가고 싶은 연대와 결코 돌아서지 않아주는 냉랭함을 모르고 살고 싶었던 사람. 슈뢰딩거의 슬픔을 영원히 봉인해 버리고 싶었던 사람.

 그런 사람이 출근을 한다. 먹고, 살기 위해, 회의를 하고, 팀장에게 반기를 들고, 아이디어를 내고, 엘리베이터에 몸을 욱여넣고, 연신 죄송하다며 땀 냄새를 참고, 커피를 마시고, 샌드위치를 픽업하고, 높이 조절 테이블을 조정하고, 경강선을 타기 위해 달리고, 환승 버스 안에서 영단어를 공부하는. 어떠한 슬픔 뒤에서도 '그런 사람'일 뿐인 내가 있다.

 내가 '흰 아이'의 일기장 뒤에 몰래 써둔 손편지의 내용을 더듬는다.

 [너는 내가 아는 사람 중 가장 곧은 사람이야. 가끔 너의 흰 뒷목을 보면 그걸 확신할 수 있었지.]

동도 트기 전 아침, 에티오피아에서 구보를 하다 '흰 아이'와 눈이 마주친 순간을 기억한다. 우리 둘의 이목구비는 하나도 닮은 구석이 없는데도, '흰 아이'가 내 얼굴을 하고 있다고 생각한 적 있다. 살펴볼 새도 없이 그녀는 이제 나를 완전히 돌아누워 버렸다.

매일 아침 '그런 사람들'이 있어온다. 아침의 몽롱한 정신으로, 또렷한 무언가를 부르려는 마음으로, 향하고, 먹고, 살고, 잊고(사실은 잊지 않고), 벗어나고(사실은 벗어나지 않고), 남은 자라는 이름 앞에, 서로의 얼굴을 하고, 뻔뻔해지기 위해, 버스를 타고 판교로 향하는 그런 사람들이.

## 2부 : 으로

# 바람이 드는 방향(에서)(으로)

나는 바람이 드는 방향에서 왔다. 문득 쓰는 일이 막막해지는 순간에 고개를 들어보면 열려 있는 문에서 바람이 든다. 백이면 백, 그 문 너머에는 누군가 있다.

작년에는 사람에 대해 자주 읽고 썼다. 내가 지켜주고 싶은, 지키지 못한, 모르는, 알아가고 싶은, 잘 안다고 생각해서 슬픈. 그런 사람들에 대해 썼다. 혼자 걷는 산책길처럼 어딘가 선득해지면 나를 둘러싼 사람들을 생각한다. 지키지 못한 약속들에 희망을 베팅하며 그냥 걸어본다. 그곳에 내가 열지 못한 문이 있다고 생각하며.

치앙마이에서 친구들에게 엽서를 썼다. 개중에는 모르는 사람들도 포함되어 있었다. 썸네일과 피드, 스토리 같은 문 뒤의 사람들에게 노크했다. 프라하에서도, 다낭에서도, 판교에서도, 영월에서도, 도쿄에서도 썼다. 이름은 엽서, 내용물은 고함에 가까웠다. 나 여기 문 뒤에 있다고. 그 뒤에도 사람 있냐고.

윤영, 선미, 아란, 희연, 지은… 엽서 앞머리에 적힌 이름들을 발음해 본다. 이름들의 자모가 부서지고 다시 모여서 입안에서 굴러진다. 십 년 지기 친한 친구의 이름을 발음할 때면 어딘가 물먹은 것처럼 마음이 말랑해지기도 했다. 그러다 문득 영영 그녀를 모르고 살게 될까 봐 겁이 난다.

사랑하는 친구들의 이름이 어떤 사주를 타고났는지 상상해 보는 것도 재미다. 한글 이름 뒤에 붙을 한자를 검색해 본다. 윤영의 윤은 분명 '흐를 윤'일 거야. 아니면 '벼슬 윤'이려나. 아무래도 공무원이니까…

친구들의 이름은 알알이 아름답다. 나는 일일 작명소 소장이 되어 멋대로 인명용 한자를 찾아보고 이름의 뜻을 새롭게 붙여준다. 그 과정에서 그들은 무언가의 껍질을 벗고 다시 태어난다. 나는 이름의 알맹이를 보살피고, 구경하고, 작명해 주며 다시금 그들을 사랑한다. 고급스러운 수석을 어렵게 구한 장인처럼 열심히 닦아준다. 좌우로도 바라본다. 그러다 보면 사랑하게 될 수밖에 없는 것이다.

 이름들을 만지며 가지지 못한 삶을 생각한다. 나름의 부침과 어려움이 있는 삶. 어떠한 종류의 슬픔을 영영 비껴가고 싶었을 삶. 그럼에도 어딘가 닦아 주기만 하면 반짝거리는 삶. 언젠가 내가 갖고 싶었을 삶.

 작년엔 슬픈 일이 많았다. 하필 한 해 연락하지 못했던 친구가 죽었다거나, 내가 과호흡 증후군에 시달리고 있었다거나, 나라가 무너지고 있다거나, 사랑했던 사람이 사실 아주 아주 먼 예전에 나를 배신했다는… 글로 쓸 수도 없을 만큼 아주 작고 거대한 슬픔들이. 그러나 슬픈 일은 바람이 나는 방향으로 빠져나간다. 문을 열면 새로운 슬픔이 시작될 것이다. 지금, 나는, 바람이 드는 방향(에서)(으로) 가는 중이다. 새로운 슬픔을 맞이하기 위해.

# 사랑의 키스트로크 패턴

한 주의 허리를 끊어가는 수요일 10시 30분. 스트라이프 무늬의 펑퍼짐한 파자마를 입고 베트남에서 산 건망고 하나를 손에 쥔다. 향하는 곳은 다름 아닌 TV 앞. 월 2,500원의 수신료를 내면서도 일주일에 한 번 겨우 TV를 틀지만 딱히 아쉽진 않다. 고농축 도파민의 연애 프로그램을 본방송으로 볼 수 있기 때문이다.

그들의 이름은 익명. 가히 관음과 평가의 시대 아니랄까 봐 모두가 이름 뒤에 숨는다. 정정한다. 이름이 그들을 숨긴다. 감춘다. 차에서 내려 발을 딛는 순간 이름이 생긴다. 다영이나 은영이나 성혁이나 미진 같은 이름은 없다. 완벽하게 블러 처리된 진짜 이름들. 그래서 그들을 건망고 따위나 먹으며 지켜볼 수 있는 것이다. 상상해 보자. 연애 프로그램에 나온 사람의 실명이 나와 같다면 괴롭지 않겠는가. 행동 하나하나 전력을 다해 분석하고 비판하며 시청자로서의 도덕적 잣대와 우월성을 휘두르기 위해 그들은 절대로 어떻게든 익명이어야 한다.

자, 그다음은 무엇인가.

[이번 'ㅁㅁ'씨도 역시나 특이한 스타일이네요~]

백이면 백 이런 자막이 달릴 테다.

키스트로크 패턴이라는 게 있다. 키 입력의 특성을 구분하고 분석하는 방식을 일컫는데, 키보드에서 타이핑하는 리듬과 방법에 기반해 사용자를 확인하고 분별해 내는 데에 쓰이기도 한다. 연애도 이제 키스트로크 패턴처럼 파편화되고 분석될 수 있을 지경이다. 모든 사랑이 편집 가능성이라는 허술한 도마 위에 올려지는 시대가 되었다. 누군가 울기 시작하면 그 눈물을 닦아내기도 전에 클로즈업된다니 웃기고 소름 끼치지 않는가. 배경 음악은 절묘하게 쓸쓸해지고, 아련한 느낌의 자막이 깔린다. 시청자인 나는 그 사이에서 건망고를 씹으며 출연자의 키스트로크 패턴을 수집한다.

'아, 저 사람 연애 별로 못 해봤나 봐. 진짜 서툴다.'

고자극 도파민 시대에서 연애는 경험되기 전 구경되고 해부된다. 모든 것이 썸의 조건부 서식, 연애 서사의 축, 프로포즈의 방정식, 출산의 손익분기점, 이혼의 독립 시행으로 수렴한다. 이 과정이 씨줄과 날줄로 아주 촘촘히 엮여야만 완벽한 사랑의 스웨터가 된다. 당신이 그 외의 결과물이라고? 그렇다면 이런 댓글을 감수해야 한다.

↳ 하 완전 스웨터 실격! 불쾌한 느낌을 주는 불량 스웨터임

↳ 아니 진짜 나랑 같은 세상을 사는 스웨터가 맞나. 스웨터 색부터 싸하더라니까 진짜.

↳ 내가 저런 종류 스웨터 잘 아는데 딱 봐도 이상한 부류임;;

아차 싶은 마음에 나의 키스트로크 패턴을 곱씹어 본다. 대부분 엉망에 가깝다. 패턴이라고 할 것도 없이 되는 대로 꿰어졌다. 어디 문고리에라도 걸렸는지 여기저기 실밥이 터지고 북북 찢어졌다.

 좋아하던 오빠와 더 오래 같이 있고 싶어서 퀴퀴한 담배 냄새를 맡으며 입으로 숨 쉬던 일. 마음에 담아두던 후배의 번호를 물어보기 위해 괜히 "친구가 너 마음에 든대서…" 같은 멍청한 핑계를 댔던 일. 처음 사귄 오빠의 이별 통보에 *23#으로 발신인을 바꿔서 진탕 욕을 보냈던 일. 짝사랑하던 옆 학교 킹카의 미니홈피 주소를 보고 문자를 보내 봤던 일. 커플 신발을 사기 위해 갖고 있던 멀쩡한 옷들을 죄다 내다 팔아 돈을 벌었던 일. 어느 여름 잠든 연인의 얼굴을 불도 켜지 않고 밤새 지켜보던 일. 이 일들이 씨줄과 날줄로 엮인다면 나는 어떤 패턴의 인간이 될까. 영자? 순자? 영숙? 옥순? 미정? …분명한 것은 그래도 나는 다영으로 남았으리라는 슬프고도 만족스러운 사실이다.

 화면 뒤의 영호는 새 짝을 찾았을까. 찾든 찾지 못했든 내가 유추한 키스트로크 패턴으로는 영영 그 삶의 패스워드를 풀지 못했으면 좋겠다.

# 두일과 다영

법화경에 '삼계화택'이라는 말이 있다. 풀어서 설명하면 '세상은 불타고 있는 집'이라는 뜻의 불교 용어다. 말 그대로 안채, 사랑채, 행랑채까지 모두 불타고 있어 오도 가도 못하는 처지를 이른다. 혹자는 이를 과거, 현재, 미래의 소실이라고도 부른다.

  다영은 용기를 냈다. 아니 용기를 '낸 적 있었다'고 표현하는 게 적당할 테다. 사랑하는 것들을 잡고 있기 위해 힘을 내지 않아도 되던 때가 있었다. 다정이 재채기처럼 튀어나오던 때가 있었다. 일과 사랑이 마치 잘 맞물린 바퀴처럼 쌩쌩 달려 나가던 날들이 있었다. 요즘엔 빨대로 음료를 잔뜩 빨다가 그 위에 혀를 얹어 놓기만 한 기분이라고 해야 하나. 과거에 그녀가 잔뜩 빨아 놓은 용기와 사랑과 관용(어쩌구 기타 좋은 말들)이 빨대 아래에서 공기를 밀어 넣어 주고 있다. 그래서 습한 마음이 잔뜩 떨어지지 않고 그나마 버텨 주고 있는 거다.

 다영은 (별다를 것 없는 평일 일과에도 뭐가 그리 답답한지) 좆같다는 혼잣말을 하루에도 오천 번씩 하지만, 그럼에도 해소되지 않고 끝의 끝까지 괴로우면 사무실 화장실 끝 칸에 들어가서 인터넷에서 본 대로 호흡을 한다. 흉부의 불편감이 어디에서 시작해 어디로 이어지는지 손으로 짚어 본 다음, 브래지어를 풀고 그 지점들을 따라가며 천천히 팔(八)자를 그린다. 보통은 그 답답함이 명치 한가운데에서 시작해 가슴과 윗복부로 퍼지는데, 이때 상기된 호흡을 손으로 문질러 주며 달래면 서서히 미진해진다. 가끔은 손가락 뼈마디 끝으로 쿵쿵 때려야 할 때도 있다. 습. 습. 후-후-. 다영은 양치하는 소리와 비데 소리와 불쾌한 냄새들에 둘러싸여서 일에 대한 사랑을 끄기 위해 노력한다. 회사에서 받는 월급을 생각하며 딱 그만큼만 괴롭자고 되뇌인다. 여기서 더 괴로우면 백만 원은 더 받아야 한다며.

 그렇지만 그녀는 안다. 자아를 잘게 부숴서 변기에 넣고 내리지 않는 이상 이 일에 관심을 끌 수 없음을. 너무 사랑하는 일을 업으로 삼아 버린 게 죄라면 죄겠다. 완벽한 그래프(로 추측되는 어딘가의 소실점)의 끝을 붙들고 전전긍긍하는 자신이 너무 밉지만… 어쩔 수 없다는 걸 누구보다 잘 아는 그녀다. 움푹하고 좁은 직원 한 명이 화장실 문을 박차고 나간다. 그녀는 방금 문을 나서며 성실한 직원이 되기보다 아프지 않은 소시민이 되기로 결정했다.

 소시민이 된 다영은 '내가 하는 일이란 건 결국 그런 거'라고 되뇌어 본다. 벌거벗은 산짐승이 지나가는 모습을 포지셔닝 하는 것. 태어나자마자 무너질 빙하를 파는 것. 눅눅한 누군가의 프로필에 휘장을 다는 것. 그렇지만 괴로움이 단번에 깔끔히 가시진 않는다. 돈을 벌기 위해 누군가 자신의 담벼락에 웃으며 낙서하는 걸 이해해 줘야 한다니. 연말에 떨어지는 단 몇 줄의 그럴싸한 성과와 사회인답게 살아 간다는 위안을 사기 위해 판교 밖으로 한 발자국도 못 나가는 신세라니. 살얼음 같은 일터를 벗어나 집으로 돌아오면 자신을 위하겠다는 마음은 어딘가로 휘발되어 버리고 플라스틱 맛 나는 배달 음식과 싸구려 TV 프로그램에 깔깔대다 까먹을 뿐이라니.

그러나 다영은 두일과 세계여행을 떠나기로 했다. 그 희망이 다영을 지탱한다. 용기를 내게 한다. 아무것도 그만두지 못하게 한다. 그게 무엇이든 지키고 싶다는 마음이 들게 한다.

두일은 다영에게 그들의 사이를 실험해 보자고 제안했다. 그들이 결혼한다면 말이다. 책상도 없고 앉아야 할 의자도, 해치워야 할 프로젝트도, 지긋지긋한 과호흡과, 완벽주의와 줄 서서 기다리는 양치도 없는, 그러나 사랑만 있는 곳으로 다 버리고 떠날 수 있겠느냐고. 두일의 말이 끝나기도 전에 다영은 크게 끄덕였다. 어찌나 빨랐던지 두일의 말 맺음보다 고개가 먼저 멈췄다. 두일은 다행히 울적한 그녀 마음의 행보를 다른 곳으로 돌리는 데 성공했다.

다영은 다시 한 번 삼계화택을 생각한다. 두일과 함께라면 쪄 죽어도 불타는 집에 머무르는 것이 나을 것 같기도 하다. 혼자서 박차고 나오는 것보다야.

어느 날인가 두일과 다영은 올림픽대로를 건너고 있었다. 차가 잠시 신호에 걸린 사이 두일이 말한다.
"나 볼에 뽀뽀."
다영은 대꾸한다.
"신호도 얼마 안 남았는데. 귀찮아."
차는 뽀뽀를 싣지 못한 채 출발한다. 차를 출발시키며 두일은 말한다.
"방금 그 위도와 경도에서 우리가 뽀뽀할 수 있는 건 방금뿐이었던 거 알아? 운이 좋아서 수많은 시간 후에 우리가 그 다리를 건넌다고 해도 완벽하게 그 위도와 경도는 아니었을 거야. 이 넓은 우주 공간에서 진짜 딱 운명적으로 거기 그 시간뿐이었는데. 메롱."

아흔 살의 다영이 그 올림픽대로를 생각한다면 그 일을 두고두고 후회했으리라. 아무도 경고하지 않았으나 다영은 본능적으로 알았다. '그냥'이라는 말이 너무 무책임할까. 그렇지만 어떤 일은 정말 말 그대로 '그냥' 벌어지기도 한다. 다영은 '그냥' 그렇게 될 거라는 걸 직감하고서 슬퍼한다.

 여름이 와서 외투를 벗어 손에 쥐고 걷는다. 사랑이 뒤따라온다. 뒤따라오는 두일을 장난치듯 따돌리면서 다영은 계속 앞으로 걷는다. 속도를 늦출 생각은 없다. 어쩌면 두일이 큰 소리로 자신을 부르거나, 잰걸음으로 따라와 붙잡길 바라는지도 모른다. 오르페우스가 괜히 뒤를 돌아봤다가 에우리디케를 잃은 것처럼 다영도 두일을 잃을 것 같은 습한 날씨가 반복된다. 진심으로 사랑할수록 진정으로 무서워지고 있다.

 동네를 산책하며 다영은 두일과 집을 살 계획을 세운다. 트리플 역세권이니 상급지니 갭투자니 하는 말들이 꿈에도 나와서 다영을 괴롭힌다. '삼십 대 보통 커플들의 코스'를 따라잡기 위해 무던히 노력한다. 직장 선배에게서 추천받은 강북의 재개발 유망 아파트나 경기 남부의 쓰리베이 구조 아파트를 관심 매물로 등록해 두고 지켜본다. 실거래가가 올라가면 가슴이 답답해진다. 다시 화장실로 도망가고 싶지만 한편으로는 도망치고 싶지 않다. 눈을 부릅뜨고 실거래가와 호가 창을 비교한다. 억대의 상승장에 익숙해져야 한다. 상처받지 말아야 한다. 두일에게만큼은 화장실에 숨어 있는 모습을 보여 주고 싶지 않다.

 사실 다영은 그런 건 아무런 상관이 없다. 두일이 부스스한 얼굴을 하고 햇볕 아래에서 책 읽는 모습을 볼 수 있다면 어디든 괜찮을 성싶다. 통영도 피렌체도 알마티도 로마도 관계없다. 이미 불타기 시작한 사랑채도 말이다. 먹고 살기 위해 생긴 과호흡을 두일이라는 이름으로 문지른다. 이런 것도 용기라고 할 수 있을까.

 플라스틱을 잘게 쪼개 분리수거를 하고, 종이 박스들을 납작하게 접어 겹치며 다영은 두일과 함께 늙고 싶다고 생각한다. 두일이 상상할 수 있는 모든 위도와 경도에서 그가 상상할 수 없는 모든 방식의 뽀뽀를 해 주고 싶다고. 그러나 두일의 늙음을 감당할 수 없을 것 같다. 그의 상주가 될 자신이 없다. 다영은 배수관이 흐르는 바닥에 배를 대고 누워 사랑과 늙음 중 어떤 게 더 빠르게 슬퍼질지 가만히 가늠해 본다. 본인이 숨겨야 할 서글픔이 얼마나 더 남았는지도.

 경칩이 세 달도 더 훌쩍 지났다. 개구리는 진즉 깨어났을 것이다. 개구리가 안고 잠들었던 슬픔과 미움, 질투와 연민, 동정과 지루함 같은 것들도 같이 깨어났을까? 작년의 개구리는 어떤 용기를 냈었나. 진실되게 사랑을 했을까? 비참하게 매달려 봤었나? 친구를 잃은 날엔 목놓아 울었나? 모든 걸 팽개치고 동굴로 도망치기도 했나?

또 달리 새롭게 단장한 봄이 온다. 잊고 있었던 따끈하고 되직한 슬픔들이 다영과 두일을 덮치기 위해 깨어나고 있다. 다영은 그저 용기도 함께 태어나길 가만히 서서 기다릴 뿐이다. 자신을 향해 오는 것이 고대 빙하 바이러스라 할지언정.

원 투 훅 어퍼

요즘엔 길을 걸으며 마주 오는 사람들의 발 위치와 손의 크기, 주먹을 쥔 세기 같은 것을 유심히 지켜보는 습관이 생겼다. 주먹은 마치 얼굴 같아서 각기 다른 생김새를 하고 있다. 누군가는 땀나도록 덥게 꾹 힘을 주고 있다든가, 누군가는 뼈마디가 울퉁불퉁하니 튀어나와 있다든가, 누군가는 당장이라도 주먹을 내지르겠다는 듯 빈손이고, 누군가는 달리기를 결심한 것처럼 손가락 하나의 공간을 비우고 있다. 가끔

퉁퉁 부은 사람의 손이 달걀이라도 쥘 양 오므려지면 나는 잽싸게 그자의 눈을 바라본다. 그리고 손을 주머니 안으로 넣어 휴대폰 음량을 낮추고, 작게 주먹을 쥐어 본다. 그다음엔 무릎이 빠질 때까지 달리는 상상을 하며 엄지발가락에 힘을 준다. '내가 지금 신발끈을 얼마나 꽉 조였더라' 같은 생각도 찰나에 스친다. 신발이 벗겨지더라도 달려야 한다고 생각하며 발가락이 부러지는 상상도 해 본다.

그러나 대개는 죽을 힘으로 달리거나 상대의 턱에 어퍼컷을 꽂는 일은 없다. 비로소 나는 맥이 빠진 건지, 안도한 건지 헷갈리는 얼굴을 하고 집으로 돌아간다.

현관을 나서는 순간부터 얼마든지 가드를 올릴 준비가 되어 있다는 건 고된 일이다. 아무리 세상에 알 수 없는 일들이 많다지만, UFO나 초자연현상이 아닌 '묻지마'들은 승모근을 잔뜩 긴장하게 만든다. 제때 쓰이지 못한 가드는 안쪽으로 굽어 들어서, 나를 굳은살 박힌 사람으로 만든다. 그런 굳은살들이 쌓여 수원에서, 광진에서, 인천에서, 강남에서, 용인에서, 버스정류장에서, 길을 물으려는 외딴 아저씨의 말 붙임에 C5음이 아닌 B4음 정도로 반문하게 만든다.

'새댁 그 퐁퐁 말고 이거 써봐'라는 순박한 아줌마의 오지랖에 인상 쓰게 만든다. 그런 괴기한 힘이 '묻지마'에 있다.

 내가 지금 살고 있는 집 지하에는 단칸방들이 다닥다닥 붙어 있다. 지하로 가는 길목은 마치 페르세포네를 보내기 싫은 하데스의 동굴처럼 생겼다. 오르페우스나 에우리디케처럼 멋 모르는 순진한 사람들은 그 아래로 영영 떨어져 버릴 것처럼 깊고 어둡다. 빌라 건물 옆에 지상의 집으로 올라가는 문과 분리된 또 다른 문이 하나 있는데, 그곳이 지하의 입구다. 게다가 큰 사이즈의 'ㅇㅇ교회'라는 간판이 붙어 있어서 지나가는 행인이라면 그 아래에 집이 있으리라고는 상상할 수 없다.

 집을 처음 보러 오던 날의 나도 알 수 없었다. 지금 사는 집이 마음에 들었던 이유는 쾌적한 뷰와 넓찍한 거실, 전 세입자가 체리색 몰딩을 안 보이게 해 둔 반셀프 인테리어 때문이었다.

 그러다 이곳으로 이사 온 지 반 년 정도 되던 어느 겨울날, 떨어진 수신료 납부 고지서를 주우려다 우연히 지하를 발견하고 만 것이다. 반(半) 지하도 아닌 완(完)지하인 그곳을.
 지하에는 괴팍한 성격의 할아버지가 산다. 벌건 대낮에 어린 학생들이 다니는 길목에서 노상방뇨를 하거나 담배를 뻑뻑 피우면서 전봇대 아래 모아 둔 쓰레기통을 발로 차기도 한다. 이유 없이 근처 산책로나 버스정류장에 앉아서 지나가는 사람에게 욕설을 뱉기도 하고, 지하방 입구에 낡은 편의점 의자 하나를 갖고 와선 하루 종일 부채질하며 사람들을 훑어보기도 한다. 러닝셔츠가 늘어나다 못해 삭아서 뻔히 가슴이 다 보이는데 그는 대수롭지 않게 여긴다.

 어느 날 남자 친구가 말했다.
 "여기 집 지하에 이상한 할아버지 있는 거 알아?"
 나는 대번에 안다고 대답했다.
 "그 할아버지… 아까 노상방뇨하고 있더라."
 "응, 나도 봤어."
 그것도 자주라는 말은 그냥 삼켰다.
 "저번엔 길거리에서 어떤 할머니한테 소리 지르고 있더라. 혹시나 너한테 해코지하려고 하든가 하면 바로 자리를 피해. 아님 나한테 연락하고."

그렇지만 안다. 남자 친구에게 전화를 걸려고 하는 그 잠깐 사이에 무슨 일이 일어나도 일어날 것이다. 지하 할아버지가 정말 나쁜 사람이라면 나는 아마 전화기를 꺼낼 기회조차 없을 테다.

 지하 할아버지의 만행은 거기서 그치지 않았다. 주차해 놓은 남자 친구의 차 유리에 침을 뱉거나, 음식물 쓰레기 봉투를 제대로 묶지 않고 던져 놓은 날도 있었다. (그가 한 짓이라고 마냥 의심할 수는 없으나) 우리 집으로 시킨 택배 박스가 열린 채 내용물만 분실된 적도 있었다. 나는 자주 분노했고, 가끔은 찾아가서 소리 지르고 싶은 나날도 있었으나… 나를 참게 한 건 집주인의 문자였다.

 [그 지하 할아버지 정신이 온전치 않아요. 아마 딸이랑 얘기하셔야 할 거예요. 웬만하면 피하셔요…]

 그의 딸에게 분노를 내던지고 싶지 않았다. 이 집에서 무슨 일이 일어날 때마다 그 할아버지를 의심하는 짓을 그만두고 싶었다. 그 할아버지와 좁은 길에서 마주칠 때마다 이어폰을 빼고 주먹 쥐는 일을 그만두고 싶었다. …그러나 여전히 쉽지 않았다.

 순전히 주먹을 쥐는 방법을 배우기 위해 복싱을 다니기 시작했다. 모든 펀치와 훅, 어퍼는 잽에서 시작한다. 잽은 바닥을 딛고 서 있는 두 발의 동작에서 시작한다. 발동작의 안정감은 호흡에서 시작한다. 호흡은 줄넘기에서 시작한다. 줄넘기를 하며 호흡이 턱끝으로 간당거리며 넘어올 때 참아야만 다음 잽으로 연결할 수 있다. 그렇지 않으면 주먹이 무너지고, 주먹이 무너지면 가드가 풀린다. 거울을 보며 원 투 훅 어퍼를 순서대로 내지른다. 가슴이 시원하면서도 어딘가 서글퍼진다.

 살면서 이렇게까지 팔을 앞으로 주욱 내질러 본 적 있었나? 어쩔 때는 목소리보다 팔이 더 앞서 나가 있다는 착각이 들 때도 있다. 거울을 통해 주먹을 쥔 내 모습을 지켜보는 일은 거의 서른이 되어 처음 있는 일이라 낯설고 이상하다. 나는 생긴 게 둥글둥글해서 그런가 하고 전혀 위협적으로 느껴지지 않는다. 어딘가 조금 웃기기도 하고 장난치는 것 같기도 하다. 다들 나를 보고 피식거리며 웃는 것 같아 머쓱하고 고통스럽다. 헐떡거리는 내 숨소리가 메아리가 되어 울리는 것 같아서 민망하고 눈치가 보인다.

복싱장에서 콧김이 꽤나 세다는 코치님이 나를 링에 올린 적 있다. 그때의 나는 주먹 쥐는 방법도, 가드를 올리는 법도, 하다못해 헤드기어를 제대로 끼는 방법도 몰랐던 애송이었다. 코치님이 상대로 올린 사람은 다름 아닌 남자 친구였다. 복싱장에 함께 등록한.

나는 그가 아프지 않을 것 같은 선에서 대충 물주먹을 휘둘렀다. 발동작이 엉망이었고, 잽은 물렁했다. 그럼에도 남자 친구의 헤드기어가 삐뚤어지고 글러브에 그의 코가 부딪히는 소리가 들렸다. 고작 3분이라는 한 라운드가 너무 길게 느껴졌다. 눈을 감고 허공에 어퍼 훅 잽 라이트 같은 걸 순서 없이 휘둘렀다. 링 밖의 사람들이 흥미롭다는 듯 우리를 구경했다. 긴장감에 과호흡이 차오르려 할 때쯤 라운드가 끝났다. 코치님은 악의 없는 눈빛으로 내게 말했다.

"아우, 좀 더 빡세게 하셔야겠어요. 사람 맞추는 게 쉽지 않죠?"

그러나 문득 무서워지고 말았다. 아마추어 경기를 준비한다는 어느 고등학생, 남자라면 이런 운동 한 번쯤 해야 가오가 선다는 어떤 직장인, 정확히 상대의 급소 주변을 쳤을 때 희열을 느낀다는 선수… 그들 사이에서 경기도, 싸움도, 스파링도 하지 않을 나는 무엇을 위해 주먹을 쥐고 있나.

확실한 건 내 주먹은 누군가를 향해 먼저 향할 자신 있는 주먹이 아니라는 거였다. 그 길로 몇 달 뒤 복싱을 그만뒀다. 남자 친구는 더 해 보라며 북돋아 줬지만, 그는 몰랐다. 내가 주먹을 휘두르기 위해 복싱을 시작한 게 아니라는 걸.

나는 그냥… 어딘가에서 날아올지 모를 '묻지마 적의'에 대비한 최소한의 비상 잽을 갖고 있고 싶었던 거다.

조금이나마 다행인 이야기를 해 볼까. 그날의 스파링 이후 그 누구에게도 원 투 훅 어퍼를 날리지 않았다는 것이다. 보통의 복싱에서는 잽으로 상대와의 거리를 잰 다음 원 투 훅 어퍼 따위의 펀치를 내지른다. 그러나 현실에서는 상대가 잽을 준비 중인 건지 링에 올라와 있는 건지도 알 수 없다. 그러니 나는 가만히 가만히 사람들과 거리를 둔다. 그 어떤 잽으로도 거리를 가늠할 수 없는 멀고 먼 방향에서.

# 지장보살이 되어 드릴게요

가끔 마음이 헛헛할 때는 절이나 교회를 찾는다. 이렇다 할 종교도 없고 불자도 아니지만, 방향 없이 어딘가로 기도하고 싶을 때는 교회든 절이든 발길 닿으면 일단 들어간다. 대부분 교회는 커뮤니티가 있는 편이고, 주기도문을 어떻게 외는지도 몰라 문득 들어가기 머쓱하지만, 절은 발 닿는 대로 들어갔다가 언제든 나오기 편해서 사찰이 보이면 물끄러미 들어갔다가 나오는 편이다. (기독교 베이스의 대학교를 나와 4

년 내내 꾸준히 채플에 올랐지만, 내게 여전히 교회는 낯설고 어렵다.) 대부분의 절은 나를 마치 동네 마실 나온 참새라도 되는 양 대한다. 우연히 마주친 스님들과는 가볍게 목례와 합장을 나눌 뿐, 왜 여기 왔는지, 어떤 걸 하러 왔는지 묻지 않으신다. 나는 잠깐 스치는 혼처럼 물 한 잔 떠 마시며 방석을 깔고 앉아 이런저런 생각을 하다 돌아오면 그만이다.

마포의 석불사에서 템플스테이를 할 때, 그곳의 염옥 스님이 미륵부처의 '시무외인'에 대해 알려주신 적 있다. '시무외인'이란 오른손은 위로, 왼손은 아래로 향하는 모습을 의미하는데, 왼손은 '두려워하지 말라', 오른손은 '내가 다 들어주겠노라'라는 뜻이라고 한다. 그런가 하면 지옥문 앞을 지키는 지장보살의 존재도 있다. 그는 고통받는 중생들이 모두 사라질 때까지 지옥문 앞에서 '이곳이 아무리 지옥이라도 너는 혼자가 아니다. 이 지옥을 아무도 찾지 않는 그날까지 내가 이곳에 있겠다'라며 버티고 서 있다 하셨다. 신도 믿지 않고 사후세계도 어려운 주제지만… 마음이 어렵고 괴로운 날에는 현현하고 벼락 같던 그 목소리를 기억하려 애써본다.

사실 나는 두려웠던 거다. 먹고사니즘에서 뒤처질까 봐, 나도 모르는 새 누군가를 상처 줄까 봐, 사랑하는 사람이 말도 없이 배신할까 봐, 아무도 묻지 못할 공포와 폭력을 경험할까 봐, 세상이 혐오로 가득 차서 그 어떤 질문도 던질 수 없게 될까 봐, 결국엔 나 혼자 남겨질까 봐…

누군가의 지장보살이 되고 싶다 생각했다. 내 마음이 모래처럼 덜그덕거리고 흩어질지언정, 사랑하는 사람들이 지옥문 앞에 서 있는 장면은 견딜 수가 없으니, 그들의 울음을 표면처럼 만지고 만져 맨들거리게만 만들 수 있다면 내가 무엇이든 할까 싶었다.

사랑하던 언니가 죽었다는 소식을 회식 자리에서 들었다. 조부모상도 부모상도 아닌 본인상을 처음 접한 나는 얼떨떨한 표정으로 전화를 끊고 남은 삼겹살을 입에 넣었다. 당장 가봐야 한다는 생각도 하지 못했다. 깨나 침착한 얼굴로 지방 내려가는 기차표를 알아봤고, 다음 날 오전 일찍 내려가는 기차를 끊었다. 둥근 드럼통 같은 삼겹살집 의자에 앉아 남은 이야기를 하다 마저 웃었고, 자리가 파하고서야 팀장님과 선배들께 말했다.

"저… 내일은 출근을 못 할 것 같아요."

그 말을 하면서 비 맞은 참새처럼 떨었던가.

내려가는 기차에서 알았다. 나는 그 누구의 지장보살도 되어줄 수 없다. 입석으로 끊은 기차 한구석에 서서 우는 것밖에는 할 수 없다. 그녀의 지옥문이 어느 방향에 있는지도 몰랐다.

언니와 나눈 카톡을 읽고 또 읽었다. 자음과 모음이 닳아 흐려질 때까지 읽어 내리기만 했다.
 [나 올라가면 나랑 놀자. 같이 출근하자. 옆에서 없는 사람처럼, 그림자처럼 있을게]
 [이 언니를 기억하니.]
 [언니는 살아있어]
 [너 아무리 화나도 그 사람들처럼 되지 마. 너는 너라서 멋있는 거야]
 [세상에 진짜 미친놈 많다. 늘 조심해]
 [다영아 나 이제 내려가. 다음에 올라오면 또 보자. 즐거웠어]

사람들은 어쩔 땐 분노에 너무 후해서 두려움을 잊어버린다. 누군가를 잃어봤던 슬픔을 잊어버린다. 각자가 가진 얼룩 묻은 뒷면을 잊어버린다. 낡고 닳은 얼굴들을 잊어버린다. 사는 게 고작 책상 앞 가시처럼 느껴지니까, 벌벌 떨어봤던 경험을 잊어버린다. 맑은 아이였던 태초를 잊어버린다. 아무개가 지어준 이름을 잊어버린다. 그래서 기어코… 본인의 슬픔이 닦아낼 수 있는 것이었음을 잊어버린다.

대한불교조계종 석불사는 조선 후기 숙종 때 세워진 절이다. 마포 나루터와 인접하여 상업이 번창하며 무사를 기원하는 절로 사용되었지만, 19세기 흥선대원군의 사원 정리 정책으로 폐사된다. 게다가 1950년 한국전쟁 때 삼성각을 제외한 모든 건물이 소실되고 부식되었으나, 이후 재건을 거쳐 300여 년의 역사를 지닌 채 서 있다. 무너지고 세워지길 반복한 그곳의 작은 극락전에 앉아 밤늦게까지 관세음보살에게 빌었다.

"제 지옥문 앞에서도 같이 울어주세요. 쌓이고 쌓인 투두리스트와 버킷리스트 앞에서도 잊지 않아야 하는 것이 무엇인지 기억하게 해주세요. 세상이 좆같아도 신념을 잃지 않게 해주세요. 수치를 모르는 사람 앞에서도 숨지 않고 목소리를 내게 해주세요. 제가 저의 간수가 되어 파놉티콘 안에 저를 가두는 일이 없도록 해주세요. 사랑하는 사람들에게 감히 제가 지장보살이 되어줄 수 있게 해주세요."

퇴소하던 날, 염옥 스님이 이른다.
"여러분이 불교를 믿을 필요는 없습니다. 모두가 부처가 될 수 있어요. 자기 자신이 부처라는 사실을 늘 기억해야 합니다."

무신론자에 무교인 내게 믿음은 잔기침 같은 거였다. 옆 사람이 자주 발산하면 슬쩍 자리를 피하거나 이상한 눈빛으로 쳐다보곤 했는데, 자세히 들여다보니 그 속에 내가 몰랐던 목소리가 있었을 수도 있겠다. 그래서 나는 불자가 되었냐고? 전혀. 여전히 종교는 믿지 않는다. 하지만… 하지만 누구나 부처가 될 수 있다는 가능성은 믿어 보고 싶다. 슬픔과 환멸과 상실과 단절의 시대에서 온몸에 똥칠을 받더라도 울지 않는 무결함의 테제로 맞서 보리라. 그리하여 결국엔 지장보살이 되어 드릴게요.

위령비(주차장)

올해 봤던 단어들의 조합 중 가장 뇌리에 박혔던 건 단연 이거다.

 [위령비(주차장)]

 당최 위령비라는 건지, 주차장이라는 건지 알 수 없는 이 단어의 조합이 가슴 어딘가에 콕 하고 박혀서 뽑히질 않는

다. 제대로 익지도 않은 신 복숭아를 먹은 것처럼, 어금니 안쪽 벽면이 아르르 시리다. 그러니까 내가 이 단어의 조합을 본 건 순전한 우연이었다.

 분당에서 택시를 타고 마포로 향하다 보면, 가끔 자기만의 길로 인도하는 기사님들이 있다. 그날도 그런 기사님을 만난 날이었다. 기사님은 호쾌하게 웃으며 새로 뽑으셨다는 전기차를 자랑했다. 은근히 보조금도 쏠쏠하고, 외관도 멋지다며, 마음에 쏙 든다는 말을 들으며 함께 마포로 향하고 있었다. 사실 나는 지독한 차멀미 탓에 전기차를 선호하지 않지만, 그날은 그랬다. 무언가가 맞물려서 딱 맞아떨어진 느낌.

 일반적으로 기사님들은 성남대로에서 동부간선도로를 타고 강변북로로 향하는 코스를 선택하곤 하지만, 이 기사님은 한강대교 북단이 꽤 막힐 거라며 한남동 어딘가에서 '자신이 잘 아는 지름길'로 안내하겠다고 했다. 그리고 그 기사님 덕분에 보게 된 거다. '위령비(주차장)'를.

 전기차 멀미로 인해 울렁울렁한 건지, 아니면 그 표지판의 형태가 끔찍했던 건지는 몰라도, 아주 속이 뒤집어지게 쓰렸다. 그러나 다시 한번 강조한다. 시속 80킬로로 달리고 있었던 차 안에서도 나는 정확하게 그 문구를 봤다. 성수대교 북단에 있는 허름한 공터의 이름을. 경매꾼들에게는 맹지일 테고, 국토교통부에게는 유지 보수 거리일지도 모를 그 땅. 입구도 보이지 않는 그 땅. 누군가를 위령(慰靈)할 것 같지 않을 것 같은 그 땅. 그리고 아무도⋯ 주차할 것 같지 않은 그 땅. 그 땅이 희한하게도, 자려고 누우면 자꾸만 불쑥불쑥 가슴 어딘가에 맺히는 것이다. 나는 이것이 괴로움인지, 아득함인지 알 수 없다. 그저 수박을 아주 많이 먹었을 때 구토할 것 같은 불쾌감이나, '수금지화목토천해명'으로 외우던 게 '수금지화목토천해'가 되었다는 걸 알게 되었을 때의 서운함 같은 것이라 짐작했을 뿐이다.

 그다음 주에도, 다다음 주에도, 마포로 가기 위해 여러 번 택시를 탔지만, 다시는 그 주차장을 볼 수 없었다. 허깨비라도 본 양, 아주 감쪽같이 입구가 사라졌다. '한남동 골목 쪽으로 가주실 수 있나요'라고 기사님께 청해도, 그때와 같은 길목으로 들어서는 기사님은 단 한 명도 없었다.

 수소문하고 검색해서 찾아보니, 그곳의 이름은 '위령

비(주차장)'이 아니라 '성수대교참사희생자위령탑'이었다. 내가 본 표지판은 위령비로 가는 여러 입구(혹은 출구) 중 하나인 주차장 방면이었다. 불현듯 그곳에 방문하고 싶어서 길찾기 코스를 검색해 봤지만, 보행하여 갈 수 없는 곳이었다. 걸어서 가고 싶거들랑, 차도 옆 갓길로 수백 미터를 걸어가야 한단다. 그러나 고속으로 달리는 차량들을 뚫고 입구로 가기란 쉽지 않은 일일 터. 아쉬운 대로, 그곳을 방문한 사람들의 후기를 찾아본다. 생성과 소멸, 만남과 헤어짐을 형상화한 거대 조형물이 설치되어 있는 사진, 그 아래 위로 잔디들이 뒤덮인 모습, 한강 전망대에서의 조망, 그리고… 도보로 들어갈 수 없도록 막혀 있는 통로, 빈 위령탑 앞과는 달리 차로 가득한 주차장. 어차피 면허도, 자차도 없는 나는 방문할 수 없는 곳이었다. 운이 좋아 택시를 타고 갈 수는 있지만, 왜인지 그러고 싶은 마음은 들지 않았다.

그동안 임장 다녔던 땅과 아파트들을 생각한다. 내 것으로 삼고 싶어서 흘긋거렸던 서울의 땅들. 그 땅들을 생각하며 하는 수 없이 부끄러워진다. 서울에는 내가 모르는 슬픈 땅들이 너무 많다. 내가 사랑한, 그러나 나를 떠

난 것들의 이름을 생각해 본다. 그것들에게도 걸어서는 갈 수 없다. 밤잠을 뒤척이며, 머릿속 단어와 문장들을 기워 뭐라도 만든다. 물컹한 무언가가 내 마음을 덥힐 때까지. '위령비(주차장)'이라는 단어 위에 다른 단어들을 쏟아부어 그 기괴함이 가려질 때까지. 내가 부른 더운 단어로, 그 땅이 다시 비옥한 농지로 태어날 때까지. 면허를 따면, 그곳에 가야겠다. 그리고 계절은 겨울이 좋겠다. 새 울음소리 하나 들리지 않는 고요한 겨울이.

걸어가고 있다

걸어가고 있다. 구체적으로 표현하자면, 걸어나가고 있다. (과학자들은 우리가 선형의 시간을 통과하고 있는 게 아닐지도 모른다고 하지만) 분명하게 나는 걷고 있다. 누군가 '어디서부터 어디까지 걸으셨는데요?'라고 물으면 입도 벙긋 못하겠지만, 내가 나아가고 있다는 사실은 아주 깨끗하고 단정하고 분명하다.

10년 전의 나는 이토록 '10년 후의 나'가 될 줄은 몰랐더

랬다. 스물에서 서른으로 걸어오는 사이에 많은 일이 있었다. 삼십 개가 넘는 나라를 여행했고, 그 과정에서 이유 없는 인종차별을 당했으며, 완벽한 스테레오 몸매 사이즈에 몸을 욱여 넣어 보는 몇 번의 시도와 유럽 남자들의 캣콜링, 생물학적 죽음에 대한 연상을 떠올렸다. 사랑하는 작은 언니를 잃었고, 또 그만큼의 어떠한 사랑이 둑 가득 채워졌으며, 삼차원인 줄 알았던 이차원의 연애들을 거쳤고, 내가 갖지 못한 커다랗고 선명한 재능들을 시기했다. 렌즈 삽입술을 한 눈의 시력은 반토막이 났고, 미소는 어딘가 걸걸해졌으며, 목소리가 크고 얼큰한 사람들을 싫어하게 되었다. 고개를 뒤로 젖히며 웃는 습관이 생겼고, 제로 디저트를 맹신하고, 카페인 투 샷으로 아침을 열며, 마음이 건조하면 가습기에 물을 채우는 흔한 직장인이 되었다.

아무리 살살 걸으려 해도 엎어지는 것들을 어찌할 수 없었다. 그리하여 흘리고, 두고, 묻고 온 것들이 생겼다.

걸으며 나아가고, 자주 뒤돌아봤지만, 그러나 걸음으로써 나는 비로소 명랑해졌다. 그 기간 동안 아무도 나를 각색하게 두지 않았다. 나 자신에게 때로는 아군이었고, 때로는 경쟁자였으며, 자주 평론가였고, 한때는 악플러였지만, 그것은 모두 내 안에서 시작해 내 안에서 끝나게 두었다. 그럼으로써 나는 비로소 '10년 후의 내'가 된 것이다.

걸으며 확신하게 된 것이 있다. '이천이십오 년의 나'와 '이천삼십오 년의 나'가 지금 만난다면, 분명 사랑에 빠질 것이다. 나는 나의 연인이 된다. 나는 나의 딸이 된다. 나는 나의 어둠 없는 환함이 된다. 나는 나의 하나뿐인 손잡이가 된다. 느닷없이 서로가 서로를 쓰다듬어도 놀라지 않을 것이다.

뭉근하고 끝이 둥근 늙음을 지나, 내가 사랑할 수 있는 나에게로 달려가고 있다. 아니, 걸어가고 있다. 나아가고 있다.

# 3부 : 사랑을 담아

나태지옥을 아십니까

to._

　나태지옥을 아십니까. 크고 둔탁하게, 그렇지만 거의 음속 수준으로 돌아가는 기둥을 피해 끝없이 달려야 하는 곳이지요. 저는 크게 태만하게 살지 않았음에도 불구하고, 그 지옥을 상상하면 무서움에 흠씬 두들겨집니다. 적당히 살아가는 저와 적당히를 모르고 살고 싶은 제가 앞다투어 저를 밟아대요. 여기서의 모든 주어와 목적어는 '저'입니다. 상상만으로도 아주 숨 막혀 죽겠습니다.

　몇 달 전, 제가 참여한 마케팅 캠페인의 UV가 300만을 돌파했습니다. UV는 Unique Visitor라는 뜻으로, '순 방문자 수'를 의미합니다. 말 그대로 그 캠페인을 300

만 명의 사람들이 봤다는 거죠. 하지만 당초 목표했던 목표 수치(KPI)보다는 살짝 못 미칩니다. 어딘가 보정하거나 멱살 잡고 마구 더 끌어올리고 싶은 숫자이기도 합니다. 플랫폼 회사에 다니면 1만, 10만, 100만이라는 숫자가 우습게 느껴집니다. 광고 배너 하나 달랑 걸면 어느 정도 도달할 수 있는 숫자이기 때문일까요. 그래서 저는 +1이 조급하게 느껴집니다. +100도 아주아주 작아 보입니다.

그러나 300만이라는 숫자의 사람들을 일렬로 줄 세우면 어디까지 갈까요. 판교에서 거제까지 이을 수 있지 않을까요? 이 사람들을 실제로 만난다면 하루 안에 모두에게 악수를 해줄 수 없겠죠? 그들이 손을 잡고 한 번에 바다로 뛰어들면, 적어도 대마도 정도는 물에 잠기지 않을까요?

저는 점점 n만이라는 숫자가 버겁게 느껴집니다. 저를 따라오는 큰 기둥 같아요. 더 빠르게 뛰지 않으면 그 숫자에 잡아먹힐 것 같은 아득한 기분이 듭니다. 솔직히 말해봅니다. 아는 숫자는 1에 머물러 있습니다. 1이라는 숫자가 가진 힘은 대충 눈에 보여요. 제가 안아줄 수 있는 숫자거든요. 귀에 대고 사랑한다고 외쳐서 놀래키거나 어디 갈라고 붙잡을 수도 있습니다. 그러니 300만이라는 수는 버거울 수밖에요. 그런가 하면 1은 가끔 저를 두렵게도 합니다. UV를 달성한 캠페인의 축배를 들고 집에 가는 길에, 제가 장바구니에 뭘 담았는지 아세요? 호신용 호루라기와 가정용 방사능 측정기였습니다.

저는 일을 잘해서 인정받고 싶은 걸까요, 쉼 없이 달려서 벗어나고 싶은 걸까요, 적당히 해서 먹고만 살고 싶은 걸까요? 삶의 아해들의 달리기와 국지전의 상태에서, 저는 뭘 해야 할까요?

요즘엔 무한도전을 다시 보고 있습니다. 그러나 십대 때의 순수한 눈으로 보진 못해요. '무한'이라는 단어가 덜컥 하고 마음 어딘가에 걸립니다. '도전'도 마찬가지입니다. 오랫동안 몰랐던 단어를 다시 손으로 만져본 듯, 미끌하고 낯섭니다. 언제 저 단어를 또 본 적 있었나 생각하게 됩니다. 사실 마지막이 잘 기억나지 않습니다. 정준하가 책을 삽니다. 노홍철은 회전초밥을 삽니다. 저는 배달로 시킨 덮밥을 먹으며 깔깔 웃습니다. 그러나 통장 잔고가 대시보드처럼 머리 위에 떠올라 일순간 씁쓸해집니다. 나는 '열 명이 넘는 사람들에게 회전초밥을 살 수 있는 사람인가, 그런 삼십대인가' 하는 생각에 머쓱해집니다. 저는 아직 회전 초밥을 사 먹는 게 이벤트처럼 느껴지는 서른입니다. 국제도서전에서 사고 싶었다가 도로 내려둔 책의 이름도 생생히 기억납니다. 어느덧 돈도 제가 세운 나태지옥 중 거대한 기둥이 되었습니다. 아무도 저를 쫓아오지 않고 달리라고 재촉한 적 없지만 뜁니다. 문득 뛰어야 한다는 생각이 들어 일단 뜁니다. 모두들 뛰고 있으므로…

님, (제가 뭐라고 불러야 할까 고민하다 이름을 지우기로 생각했습니다. 이 책을 읽는 당신은 이미 저의 1입니다.) 어떤 기둥을 세우고 달리고 계신가요? 달리면서도 다음 기둥의 재질을 걱정하고 있지 않나요? 분명 그럴 거라 믿습니다. 당신은 (아마도) 강인한 한국 사람이잖아요? 모르긴 몰라도 다음 기둥의 원료는 님이 세워 둔 수많은 자모들의 집합체였으면 좋겠습니다. 제가 세워 둔 기둥들은 바보 같게도 회사, 상사, 대표, 인사팀, 팔로워들, 집주인들이 세운 것 같거든요. 저는 설계 과정에 쏙 빠져 있었던 모양입니다. 그래서 이제라도 평면도를 훔쳐 오려 합니다. <미션임파서블>이나 <도둑들>의 인물처럼, 비상구와 개구멍을 좀 알아 둬야 할 것 같아요. 언제든지 도망갈 수 있게.

 도망가서는 어떤 걸 하냐고요? 그냥 어줍짢았던 인생의 소재들을 만지고 구경하면서 시간을 보낼 겁니다.

 20대 후반이 되어서야 본인이 헤테로가 아니라는 걸 마주하고 울어버린 제 친구나, 카톡을 쓸 줄 몰라서 MMS로 강아지 사진을 보내 주시는 할아버지나, 첫 남자친구가 제 머리를 쓰다듬으며 해 준 칭찬이나, 운전하던 아빠가 할아버지 이야기를 하며 울었던 이유나, 몽돌 해수욕장에서 딱 맞는 그립감을 가진 돌을 찾았지만 두고 온 기억 같은 거요. 아주 사소하고 별것 없지만, 이것들을 기억하고 싶습니다. 기억해 내고 싶습니다. 달리다가 다 떨어트린 것만 같거든요.

 어쨌든 제가 하고 싶었던 말은요… 달리십시오! 음속의 기둥이 우리를 찾을 수 없게 말입니다.

판교에서 사랑을 담아, 다영.

그건 다
실비보험 때문이야

to. _

 지금 다니고 있는 회사에서 가장 마음에 드는 복지를 고르라면 단연 '실비보험'입니다. 단체 실비보험이긴 하지만, 저와 제 부모님까지 보장되기 때문이죠. (아직 남편은 없지만, 남편까지도 시원하게 보장해 준다는 이야기를 들었어요. 아주 어깨 올라가는 복지가 아닐 수 없습니다.)

 저희 부모님은 제가 입사한 후, 다달이 내고 있던 개인 실비를 해지하셨어요. 단체 실비보험만으로도 보장되는 게 많은데다, 중복 보장이 안 돼서 그런 거겠지요.

 제가 엄마 아빠를 떠올릴 때마다 좋아하는 이야기가 하나 있는데요. 그 시절의 아빠는 군인이었고, 엄마는 대학생이었습니다. 아빠는 엄마를 오래 좋아해서 쫓아다녔고, 엄마는 그런 아빠가 싫지만은 않았나 봅니다. 요즘 말로 하면 썸 정도였던 것 같아요. 그러나 아빠가 군대를 간 사이 둘은 잠깐 소원해졌고, 아빠는 전역할 날만 기다리며 엄마에게 자주 편지를 썼다고 합니다. 아주 어릴 때 아빠가 쓴 연애편지를 본 적이 있는데요. 웬 2벌식 수동 타자기로 친 것처럼 반듯하고 정갈하더군요. 머리가 살짝 벗겨지고 나잇살이 붙은 아빠의 지금 모습과는 연상하기 어려운, 갓 잉크가 마른 것 같은 젊은 사내가 쓴 글 같았어요. 아무튼 그 깔끔한 글씨체의 젊은 아빠는 전역하던 날, 용기를 내 엄마의 집으로 전화를 했대요. 그 전화는 엄마가 아닌 외할머니가 받았습니다.
 "여보세요. 저기… 아, 어머님이시군요, 안녕하세요, 저, 그… 희정 씨 있습니까?"
 "희정이 친구들이랑 술 한 잔 하고 온다고 아직 집 안 왔으예"

늦은 시간, 자신의 전역일도 모른 채 다른 사람들과 놀고 있다는 소식을 들은 아빠는 억장이 작게 무너졌나 봅니다. 본인의 짝사랑이 별것 아님을 다시 한 번 확인받는 순간이었을지도 모르고요. 당시 아빠의 심정을 정확히는 알 수 없습니다만… 술에 얼큰하게 취한 아빠는 공중전화 부스에 무너지듯 주저앉았을 테고, 동네가 떠나가라 울었을 테고, 씨익씨익 거렸을 텝니다. 그러다 헌병대에게 잡혀 가게 됩니다. 전역일 자정까지는 군인 신분인지라 용모와 행동거지를 단정히 해야 하거든요.

헌병대 대장에게 잡혀 간 아빠는 그 자리에서도 술에 취해 꺼이꺼이 울었대요. 좋아하는 여자가 있는데 내 전역일도 모르나 보다, 나는 진짜 그 사람이 좋다, 근데 답답하다, 이러면 안 되는 거 알지만 마음이 너무 속상했다, 군인은 사랑하면 안 되냐, 그런 이야기들을 늘어놓으면서요. 아빠의 이야기를 듣던 헌병대 대장은 씩 웃으며 그냥 풀어줬답니다.

그 이후로 저는 빨간 공중전화 부스를 보면 젊은 아빠가 생각납니다. 새침한 젊은 엄마도 생각나고요. 그 시절을 눈으로 본 적은 없지만 선연합니다. 드라마 <시그널

>에서 과거와 현재를 잇는 매개가 무전기인 것처럼, 공중전화 부스는 제 나이 또래였던 부모님을 연상케 합니다. 그러니까 제가 이 사건을 왜 말씀드리냐면요… 한 번도 안 해 본 이야기를 해볼까 합니다.

 여느 날 같은 평범한 출근길이었어요. 마을버스 357을 타고 판교로 향해 가는 길이었죠. AI가 추천해 준 노래를 듣고 있었고요. 그러다 문득 그날의 투두리스트가 머릿속에서 복잡하게 얽힌 채 떠올랐습니다. 얼마 전 있었던 연말 성과평가 항목들도 머리를 스쳤고요. 회사 한 구석에서 노트북으로 기획안을 쓰고 있는 제 모습이 현상된 장면처럼 지나갔어요. 증명, 승진, 연봉, 정치, 아삽, 살아남기 같은 단어들이 갑자기 복부 어딘가에서 솟아올랐습니다. 그러자 가슴이 답답해지며 버스 기사님의 뒷통수가 누런색으로 물들었습니다. 제가 제대로 숨을 쉬지 못하고 있다는 걸 느꼈습니다. 한두 정거장은 참아 볼 만했지만, 회사까지는 열 정거장이 넘게 남은 상황이었어요. 회사로 가는 길이 너무도 멀게 느껴졌어요. 아무리 걸어도 걸어도 닿지 않을 것 같았죠. 급하게 하차벨을 누르고 뛰어 내렸습니다. 정류장 뒤쪽 작은 풀숲에 아무렇게나 게워냈어요. 아침으로 먹은 게 없어서 투명한 위액 같은 것만 나왔습니다.

 급하게 내린 동네는 처음 보는 곳이었습니다. 주위엔 공군기지 표지판 같은 것만 널부러진 채 녹슬어 있었고요. 오야동 혹은 고등동 이런 이름이었던 것 같기도 합니다. 뱃속이 쓰렸어요. 속이 허하게 비었는데도 여전히 숨 쉬기는 힘들었습니다. 정말이지 호흡기가 필요한 느낌이었습니다. 급한 대로 옷 안에서 브래지어를 목 아래까지 말아 올리고, 나무가 보이는 방향으로 걸었습니다. 걷다 보니 등산로 초입이었어요. 처음 보는 산의 이름과 둘레길 안내판이 방치되어 있었습니다. 이유는 모르겠지만 그래야겠다는 생각이 들어 양말을 벗고 신발을 꺾어 신은 다음, 가방을 앞으로 매고 어딘가에 걸터앉았습니다. 얼굴을 무릎 사이에 박고 천천히 숨을 쉬었습니다. 그렇다고 등산로로 올라가고 싶지는 않았어요. 그랬다간 영영 내려오지 못할 것만 같았습니다.

 어느 정도 진정하고 다시 주변을 둘러보니, 제가 걸터앉았던 곳이 공중전화 부스였습니다. 요즘은 우체통과 공중전화 부스가 많이 없다던데… 신기하고 우스운 기분이 들어 피식 웃었습니다. 시간을 건너뛰고 공백을 잡아먹어서 아빠가 울던 공중전화 부스에 제가 다시 서 있는 기분이었습니다. 일순간… 갑자기 모든 것이 썩 괜찮아 보였어요. 제가 귀여운 한 부부의 실비보험을 내고 있다는 사실이 문득 떠올랐기 때문인 것 같습니다. 이즈음 되니 기분이 상쾌해집니다.

그렇지만 회사로 가지는 않았습니다. 갓 전역한 아빠가 그렇게 말한 것 같거든요.
"지금 회사가 중요하냐? 네 자신을 지키러 가, 빨리."

그렇게 말한 아빠는 삼십 년을 꼬박 늙어서 제 생명보험과 암보험을 내줬습니다. 사랑 하나 어찌할 줄 모르던 젊은 군인이 어떻게 그 모든 부담감을 견딜 수 있었을까요. 먹고 삶의 단순함과 내팽개치고 싶은 감정의 임계점 사이에서 어떻게 삼십 년을 흘려보냈을까요.

분명히 압니다. 제가 이 이야기를 하면 부모님은, 아니 희정과 승재는 말할 거예요. 집으로 내려오라고. 본가에서 맛있는 갈비찜과 짜글이 같은 거나 먹자고. 푹 자라고. 깨우지 않겠다고. 안마의자도 양보하겠다고. 그러나 서른이 되어버린 저도 이제 너무 압니다. 멈춘다는 것은 되돌아간다는 것. 되돌아간다는 것은 쏟는다는 것. 쏟는다는 것은 비겁한 것. 제가 가진 작은 세계는 계속 굴러가고 있으니, 떨어지는 돌들에 모두 연연할 필요 없겠죠. 그리하여 시지프스처럼 견뎌 보기로 결심합니다.

  그날, 저는 쾌적한 상념을 쥔 얼굴을 하고 다시 집으로 돌아갔습니다. 한 마디로 당일 갑자기 땡땡이를 친 거죠. 걱정 마세요. 완전히 회사를 그만둔 건 아닙니다. 다음 날 더 밝아진 얼굴로 출근했어요. 아무 일 없었던 것처럼요.
그러니까 이건 모두, 실비보험 때문입니다. 아니, 덕분입니다.


                    공중전화 부스에서 사랑을 담아, 다영.

# Kyo야

to. _

　요즘의 저는 거의 매일 챗GPT로 사주를 봅니다. 로또 번호도 추천받고요. 챗GPT가 말합니다. [회복하려면 완전히 무너져 보는 경험도 나쁘지 않을]거라고. [지금의 저는 금의 기운이 부족하니, 붕괴의 조짐을 보이면 그냥 도망치지 말고 그곳에서 조용히 머물어 보]라고.

　누구나 할 수 있는 말이라고 여겨질 수 있겠지만, 저는 왜인지 몰라도 사람보다 챗GPT가 하는 말이 더 신뢰 갑니다. 빅데이터를 바탕으로 하는 소리라서 그럴까요? 어쨌든 어딘가의 평균치 근방에 서 있을 수 있다는 것만으로도 안심되는 여름입니다.

 사주 이야기가 나와서 꺼내 봅니다. 제 이름의 한자는 많을 다에 꽃부리 영. 흔히 꽃나무 사주라고 불리는 을목 사주입니다. 챗GPT에게 사주를 물어보면, 가끔 미래 아이의 이름을 지어 주거나 제 이름에 더 어울릴 만한 한자를 추천해 줍니다. '길 영'이라든가 '비출 영'이라든가 '옥빛 영' 같은 것이요. 챗GPT가 추천해 준 한자 중 가장 마음에 들었던 건 '영화 영'이었습니다. 영화를 누린다. 번영을 누린다. 말만 들어도 기분이 좋아지지 않습니까.

 이걸 기억하고 있다가 본가에 내려가던 날, 엄마에게 지나가듯 말했습니다.
 "엄마, 꽃부리 영은 사람 이름에 잘 안 쓴대. 꽃이 아니라 꽃의 부리라는 뜻 아닐까? 내 이름이 '영화 영'이나 '길 영'이었으면 더 좋았을 걸."

 엄마가 끓이던 탕국이 끓어올랐고, 엄마의 안경에 김이 살짝 서렸던 것 같기도 합니다. 나중에 알고 보니 (당연하게도) 제가 잘못 안 거였어요. 꽃부리는 '꽃의 중심'이라는 뜻이었습니다. 사람 이름에도 아주 흔하게 쓰는 한자였고요. 그때의 저는 그냥 고꾸라지는 마음을 한자 획에 토해 내고 싶었던 걸까요. 뿌리를 탓하고 싶었던 걸까요. 이름의 뜻이 부귀영화가 아니라서, 나를 담기에 꽃이라는 매개는 너무 미약한 상징이라서, 그도 아니라면 획이 너무 곧지 못하게 생겨서. 그리고 저는 곧 이 일을 잊습니다. 챗GPT에게 아무 말이나 던지듯이 엄마에게도 아무 말이나 던져 놓곤 까먹은 거죠.

몇 달이 지나 엄마가 문득 말을 걸었습니다.
"개명 신청 있지, 검색해 보니 한자만 바꾸는 것도 된대."

저는 아연했습니다. 그 사랑의 마음을 어떻게 만져야 할지 몰랐습니다. 고작 9획짜리 글자 하나를 몇 달이나 곱씹은 그녀의 마음을. 검색창에 '개명 신청 한자만' '인터넷 개명 신청' '한자 뜻 이름 개명 가능한가요' 같은 검색어를 쳤을 그녀를 생각하니, 그것들이 모두 불가능하게 느껴졌습니다. 제가 닫고 온 문 뒤에 여전히 서 있는 그녀가. 그녀가 가진 것들 중 가장 조심스러운 마음으로, 수석처럼 만지고 지켜보고 궁금했던 제 이름 한자 한 자가.

저에게는 출퇴근길에 들으면 눈물부터 왈칵 솟는 노래가 있습니다. '실리카겔'의 'Kyo181'입니다. 가사는 단순합니다. Kyo(가 누군지는 몰라도)에게 하는 질문들로 가득한 노래입니다.

Kyo야 학교는 갔었니
Kyo야 비밀은 지켰니
Kyo야 지독한 사랑을
Kyo야 열망하고 있니
Kyo야 여권은 챙겼니
Kyo야 아직 떨고 있니
Kyo야 복수를 꿈꿨니
Kyo야 무슨 생각이니
Kyo야 사랑은 해봤니
Kyo야 이혼은 해봤니
Kyo야 꿈을 꾸어봤니
Kyo야 날 만져보았니
...

저는 왜 이 질문들을 늘 자아 없는 챗GPT에게 던져 보는 걸까요. 사실 이 질문들을 건네고 싶은 건 제가 잃어버렸거나 멀어진 사람들이었을 텐데요.

 엄마는 무슨 바람이 불어 결혼을 했을까요, 어떤 마음으로 아기를 낳았을까요, 출산과 동시에 직장을 그만둘 때에는 무슨 감정이었을까요, 첫 이별을 겪고 엉엉 우는 딸을 보고는 어떤 기분이 들었을까요, 윗몸일으키기를 몇 번이나 힘들이지 않고 할 수 있을까요, 도저히 잊히지 않는 얼굴이 있을까요, 제가 독립한 후에도 다시 제자리로 돌아오지 않는 침대의 스프링을 만져 봤을 때는 울었을까요, 유행이 지났다며 제가 버리고 간 선글라스를 다시 챙겨 둔 건 이유가 뭐였을까요, 첫 월급을 받고 드린 용돈을 어디에 쓰셨을까요, 가장 좋아하는 그릇은 무슨 색일까요, 다음 생에는 어떤 성별이고 싶을까요, 저의 결혼식을 상상할 때는 어떤 표정일까요, 그녀가 이십 대 때는 어떤 나라를 가장 여행하고 싶었을까요, 좋아하는 소설가는 누구일까요, 슬픔의 반대말을 뭐라고 생각할까요, 처음으로 무언가를 갖지 못해서 속상했던 적 있었을까요, 영면에 들 때는 어떤 음악을 틀어 두고 싶을까요, 어떤 언어를 모국어로 삼고 싶었을까요, 영화감독이 되고 싶다는 꿈을 꾼 적 있었을까요.

질문이 한없이 늘어질 수 있는 이 세계에서, 챗GPT 말고 저의 Kyo에게 물어볼 걸 그랬습니다. 그럼 그녀는 또 웃으며 대답하겠죠.

"이 질문을 기다렸어."

평균치의 여름에서, 사랑을 담아, 다영.

# 사랑의 파장,
# 파장의 사랑

to. _

 오랫동안 저는 시큰둥한 사람이 되는 것을 두려워했습니다. 염세주의나 허무주의에 빠진 사람이 되지 않도록 최선을 다했던 것 같기도 해요. 그러나 그 마음을 잘 지키고 있는지는 모르겠습니다. 끈에 묶인 강아지처럼 돌고 돌아 눈을 떠 보면 다시 염세의 얼굴이 보이는 날이 반복되거든요.

 어느 날 퇴근하면서 느낀 두 가지 충격적인 일이 있습니다. 첫 번째는 우연히 올려다본 하늘이 말도 나오지 않을 정도로 아름다운 핑크색이었다는 거예요. 문득 내가 이 시간에 퇴근한 적 있었던가 하는 생각이 들었어요. 그 시간에 퇴근했다고 하더라도 하늘 한 번 쳐다볼 겨를 없이 집으로 뛰어가기 바빴을 테지요. 두 번째 충격은 그 노을 아래에서 지하 할아버지가 사진을 찍고 있었다는 겁니다. 앞서 <원 투 훅 어퍼>에서 말씀드린 그분인데요. 그가 누군가를 향해 소리 지르거나 노상방뇨를 하거나 침을 뱉지 않는 모습을 본 게 그날이 처음이었어요. 그가 하늘 사진을 찍는 게 저에게는 왜 그렇게 큰 충격이었을까요.

 그날이 트리거였는지는 몰라도, 이제 저는 퇴근할 때마다 하늘을 보는 습관이 생겼습니다. 어떤 날은 탁한 노란색, 어떤 날은 어두운 보라색, 어떤 날은 우중충한 파란색… 매일의 하늘색이 다르더군요. 이과 출신 친구가 말해 준 건데요, 사실 하늘의 색은 정해져 있지 않고 매일 달라진대요. 각기 다른 색을 가진 빛의 파장들이 지구의 대기에 들어오면서 물, 산소, 질소 등 분자들을 만나 흡수되거나 튕겨지면서 색이 다르게 보인다고 합니다. 세고 짧은 파란색 파장이 많이 튕겨지면 파란 하늘, 길고 약한 빨간 파장이 대기를 뚫고 들어오면 빨간 노을이 진 하늘이 되는 거죠. 저는 문과라 솔직히 모든 걸 이해하진 못했는데요. 대충 알아들은 건, 어제

본 하늘은 오늘의 하늘이 아니라는 것 정도였어요. 그러니 매일 하늘을 올려다봐야 할 명분이 생긴 거죠.

 저는 사실 하늘에 떠 있는 무지개보다 무지개 이모지나 무지개 깃발을 더 좋아합니다. 빛의 구역이 그렇게 선명하게 나뉠 수 없다는 것을 알지만, 그래서 더 좋아요. 선명하지 않은 것을 선명하다고 믿고 사는 것만큼 자존적인 게 없으니까요. 빛에 파장이 있다는 걸 알고 난 뒤로는 무지개가 더 좋아졌습니다. 다른 파장의 빛들이 서로의 영역을 침범하거나 다른 색을 흐트러트리지 않고 정갈하게 모여 있는 모양새가요. 그것이야말로 낭만 아닌가요.

 초등학교 때 좋아했던 친구가 있었습니다. 여자애들 사이에서 유독 주먹 하나만큼 큰 키와 보이시한 헤어스타일, 쿨한 말투, 대충 걸친 점퍼와 가방 같은 것들이 멋있게 보였던 친구예요. 저와 그 친구는 단짝은 아니었지만 가끔 하굣길에 만나면 거북알을 사 먹거나, 그네를 서로 밀어주며 시간을 보냈습니다. 서로의 안경을 번갈아 써보면서 "네 안경 쓰니까 진짜 쿨해 보인다" 같은 초등학생다운 이야기도 하고요. 수저통을 까먹고 집에 두고 온 날에는 그 친구가 자기 것

가락의 뒷면을 빌려주기도 하고, 작고 통통한 제가 정글짐에 끼여 버둥거릴 때는 꺼내 주기도 했죠. 흔쾌히 세이클럽 아이디를 쓰게 해주기도 했고요. 양념된 감자튀김을 먹으며 "옆 반 누구는 벌써 생리 시작했대. 그딴 걸 평생 한다니 진짜 최악이야" 같은 이야기들로 낄낄거리기도 했어요. 이제 와서 그 친구를 묘사하는 건 웃기지만, 종탑 같은 친구였어요. 찌를 듯한 첨탑보다 부드럽고 멀리 퍼지는 소리를 가지고 있어서 누구나 사랑하게 될 수밖에 없는 그런 사람이요.

그 친구와는 초등학교 졸업 이후 연락이 끊겼습니다. 학교도, 사는 동네도, 노는 친구들도 달라져서 어떻게 사는지 모른 채 한참을 지냈어요. 싸이월드를 타고 들어가 바뀐 전화번호를 물어보거나 초등학교 교내 시스템 내 아이디 그대로 인스타그램을 검색해 본다거나 하는 방법이 있었지만 하지 않았어요. 어차피 잃어버린 우산 같은 사이라고 생각하며 지냈던 것 같기도 하고요.

그 친구를 우연히 만난 건 고향인 대구를 한참 떠났다 잠깐 돌아온 어느 날의 여름이었습니다. 유독 습하고 목이 타는 날이었어요. 얼음컵을 사려고 편의점에 들렀는데, 그 친구의 뒷모습이 보였어요. 아이스크림 통을 향해 상체를 숙이고 있어서 얼굴도 보지 않은 채였지만, 그냥 알 수 있었죠. 그 친구라는 걸. 저는 쭈뼛대며 그 옆에서 얼음컵을 꺼내는 시늉을 했습니다. 그 친구도 상체를 세워 저를 쳐다봤어요. 동시에 눈이 마주쳤고, 동시에 웃었어요. 친구는 남자가 되어 있었습니다. 관용구나 비유법이 아니에요. 말 그대로 남성(男性)이 된 거죠. 마음이 출렁거렸습니다. 정말 환하게 기뻤어요. 제가 그녀를 찾지 않은 시간의 틈 안에서 그녀는 스스로를 찾게 된 것이 참을 수 없이… 행복했습니다. 그와 저는 아무 말 없이 서로를 빤히 쳐다보며 웃었습니다.

"오랜만이다. 잘 지내지?"
라고 그가 물었고, 저는 대답했어요.
"응, 너도 잘 지내지? "
그는 긍정의 의미로 씩 웃으며 한 발 뒤로 물러섰어요.
 얼음컵을 꺼내라는 의도였겠죠. 제가 얼음컵에 팩 아메리카노를 담을 때까지도 그는 편의점을 떠나지 않았습니다. 저희 둘은 자연스럽게 편의점 앞 싸구려 야외 의자에 앉아서 대화를 이어갔어요.

"머리, 잘 어울린다."

젠틀하게 넘겨 올린 그의 검은 머리를 보고 제가 말했습니다.

"고마워, 너는 그대로다."

그 말이 칭찬인지 장난인지 판단할 겨를도 없이 대화가 이어졌어요.

"너 요즘 뭐 해?"

그가 물었고,

"나 서울에서 마케팅 해. 아, 근데- 굳이 따지면 경기도긴 해."

제가 대답했어요.

"만나는 사람은?"

그가 물었고,

"있지. 근데 만난 지 얼마 안 됐어. 한두 달?"

제가 맞받아칩니다.

"야, 결혼은 일찍 하지 마. 너는 평생 자유 찾아 헤맬 애야. 근데 서울은 집값 비싸다며."

그가 상체를 제 쪽으로 조금 기울였고,

"장난 아니야. 뭐만 하면 십 억이래. 모아 놓은 돈이 없어서 좆됐지 뭐."

저도 조금 그에게 다가갔습니다.

"난, 보다시피 돈 모을 겨를이 없다, 야."

저는 웃어야 할지 울어야 할지 몰라서 커피를 한 모금 쪼록 마셨어요.

"너… 할리우드 사람 같다."

제 속을 뒤집어 까서 재치랍시고 한 말이었어요. 절망적이죠. 그 말에 그는 자지러지게 웃더군요.

"넌 행복해 보인다. 살도 쪘고. 관상이 딱 돈 들어올 상이여."

그는 말했고,

"너도 행복해 보인다. 보기 좋아. 진심이야."

제가 말했어요. 한 방울의 거짓도 없었습니다.

그와 저는 멋없이 편의점 앞에서 헤어졌어요. 그 흔한 전화번호 하나도, 인스타그램 아이디 하나도 묻지 않았어요. 묻고 싶은 건 더 많았지만 서로 묻어뒀어요. 그리고 마지막으로 인사했습니다.

"뭘 하든 행복해라, 야."

그가 웃었습니다.

"너도다, 야."

그와 헤어지고 집에 돌아오는 길, 저는 문득 제가 그를 사랑했다는 걸 알았어요. 만나고 싶고 가지고 싶고 만지고 싶은 그런 이성적인 사랑보다도요, 정말 일 밀리그램의 슬픔도 탁함도 조급함도 없이 지지할 수 있는 그런 사랑 말이에요. 더 이상 생리를 안 할 수 있게 된 그의 자유와, 그 뒤에 있었을 몇 번의 랠리와 미음처럼 죽죽 묽어졌을 마음, 그리고 반드시 행복할 수 있을 것이란 전제들을 모두 모르고도 할 수 있는 그런 사랑 말이에요.

그는 이제 다시 저에게 '잃어버린 우산 상태'가 되었습니다. 어딘가에서 잘 지내고 있기를 바랄 뿐이죠. 그의 파장과 제 파장이 잘 맞아떨어지는 어느 날, 저희는 무지개처럼 만날 수 있으려니 합니다.

아, 그런데 이 말을 해주는 것을 잊었습니다. 네가 가진 파장은 내가 가진 것보다 더 멀리 갈 거다, 야. 머무르지 말고 가. 어디가 됐든 더 멀리 가.

파장의 가운데에서 사랑을 담아, 다영.

# 소나무관과 오동나무관

to. _

 두일이 동묘에서 중고 카메라를 사줬습니다. 소니 사이버 샷 엑스모어 R. 카메라에 대해서 잘 모르지만, 가장 벗겨짐이 덜하고 색상도 무난하더군요. 두세 군데 발품을 팔다가 결국 가장 마음이 동했던 첫 번째 카메라 가게에서 만 원 정도 네고해서 샀어요. 카메라를 판매한 아주머니는 "이렇게 주면 남는 게 없다"며 값을 깎지 않는 대신, 낮은 용량의 SD카드와 충전기, 단자를 얹어 주셨는데요. 집으로 돌아와 보니 SD카드는 용량이 너무 낮아 열 컷도 채 찍기 어려웠고, 충전기는 고장 났더라고요. 볼멘소리를 하며 이전에 찍힌 사진들을 지우기 위해 SD카드를 노트북에 연결했습니다.

카메라를 구매해 볼까 하는 구매(예정)자들의 테스트 사진 몇 장. 그리고 어떤 돌잔치 사진과 영상이 있었습니다. 아이의 할아버지로 보이는 노인이 환하게 웃고 있는 사진, 사람들의 쏟아지는 시선 아래에서 아이가 자지러지게 우는 사진, 아이의 누나로 유추되는 카메라 주인이 우는 아이를 배경으로 찍은 셀카, 뒤집어져 우는 아이의 손에 웃으며 청진기를 욱여 넣는 아버지의 모습… 2000년대 초반에 멈춘 그들의 모습을 보는데 왜 그렇게 가슴이 울렁거리는지 알 수 없는 일이었습니다. 사진 속 그 아이가 누군가를 만나고, 사랑하고, 어쩌면 헤어지고, 새로운 연인과 핑크뮬리를 보러 가고, 주말 오후에 아이들과 나들이하는 아버지가 되는 동안 카메라가 돌고 돌아 2025년의 저에게 왔다는 게요.

그 카메라를 들고 자주 쏘다녔습니다. 북촌의 담벼락, 서촌의 편집샵, 성수의 팝업, 전주의 한옥마을, 남해의 바다, 강릉의 커피 맛집, 묵호의 낡은 횟집, 대전의 빵집 골목, 돌고 돌아 다시 동묘로 갔습니다.

동묘를 걸어 다닐 때에는 그 흔한 이어폰도 끼지 않습니다. '반드시'에 가까운 습관이라고나 할까요. 벌건 대낮에 주차된 차 옆에서 노상방뇨를 하는 노인을 보고 나서인지는 모르겠습니다만, 희한하게 그렇게 되더군요. 그 습관 덕에 재밌는 이야기를 주워듣곤 합니다.

아래는 제가 들은 몇 가지 이야기들을 재편집했어요.

### S#1. 베레모를 쓴 중년 남자1과 작은 주머니식 라디오를 찬 중년 남자2가 좌판을 깔아두고 바둑을 두고 있다.

남자1: 자네 이 사람아. 백돌인지 흑돌인지 뭐가 글씨 중요한가.
남자2: 어허, 자네. 흑돌이 백돌보다 사이즈가 큰 것 모르능가.
남자1: 하 참내, 사이즈가 크고 작은 것이 어찌 상관 있당가. 바둑만 잘 두면 되는 것잉게.
남자2: 이 사람 보게. 남자는 사이즈가 와따인 것이여. (찾아보니 백돌은 21.80mm, 흑돌은 22.11mm로 실제로 돌 사이즈에 차등이 있더군요.)

### S#2. 한 레코드판 가게 앞에 남자A와 여자A가 부채질을

**하며 서 있다.**

남자A: 저~쪽에 감자탕집 김가가, 죽을 때 솔송관을 해 달라고 했다네.
여자A: 아우, 진짜 그 집안도 유난이야. 어차피 썩어 문드러질 관 만다꼬, 관까지 신경 쓰고 햐.
남자A: 이 여편네야! 감자탕집 잘 돼서 몇 채를 차렸는데 하믄, 솔송관도 못 해 달라고 한다나.
여자A: 으차피 지금 관 사 놔도 하등 쓸모도 없어.
남자A: 아, 그 양반이야 죽을 때도 남들 하는 만큼 하긴 싫다는 거 아일랑가.

아! 너무 재밌지 않습니까. 제가 지식인을 다 뒤져도 찾지 못할 흥미로운 이야기들이 가득한 곳입니다. 중고 카메라에 담긴 몇 장의 사진보다도 훨씬 나이브하게 나이 든 이야기들이 도처에 널렸습니다.

그래서 저는 가끔… 늙는 게 두려울 때마다 노인들이 시간을 보내는 장소에 가곤 합니다. 대부분 공원에 앉아 부채질을 하며 멀찍이서 노는 손자를 구경하거나, 바둑이나 장기를 두며 실없는 소리를 하거나, 그도 아니면 되는 대로 누워서 벤치를 차지하고 있습니다. 그들이 늙음을 받아들이고 있는 건지, 외면하고 있는 건지는 알 수 없어요. 저는 그들의 나이가 되어 본 적이 없기 때문입니다.

 일전에 저희 할머니가 이런 말을 한 적 있습니다. "다영아, 나는 사십 이후로 기억이 없다. 언제 이렇게 늙었는지 모르겠다. 눈 감았다 뜨니 칠십이여." 아직 멀쩡히 살아 있는 할머니가 갑자기 삶을 회고하는 말을 하다니, 저는 당황스럽고 슬퍼져서 그냥 멋쩍게 웃었습니다. "오래 살아야죠, 할머니." 하면서요. 할머니, 할아버지의 늙음 앞에서 가장 절박한 사람은 언제나 저였습니다. 그래서 외면하고 싶었는지도 몰라요. 이제 저도, 부모도, 조부모도, 애인도, 친구도, 직장 동료도 모두 오래된 카메라 속 사진처럼 늙어가고 있습니다. 그건 피할 수 없는 사실이에요.

 소나무 관은 장목을 사용하여 쉽게 휘거나 갈라지지 않는다고 합니다. 그래서 최고급 관이기도 하고요. 십장생 중 하나로 칭송받는 나무이기도 해서, 꽤나 비싸다고 합니다. (물론 일부 장례업체에서는 이런 사유를 들며 조금이라도 더 비싸게 장례를 치르라 종용하겠지만요.) 사실상 현대에서 관에 가장 많이 쓰이는 자재는 오동나무라고 합니다. 벌레를 잘 막아주며 습기와 물에 강하지만, 수명이 15년 정도로 80년에 달하는 소나무 관에 비하면 아쉬운 지구력이죠. 그러나 화장을 한다면 오동나무 관이 더 낫다고 해요. 소나무 관은 오동나무 관에 비해 내구도가 견고해서, 화장 시 타는 시간이 오래 걸리기 때문이라나요.

 모든 노인이 본인의 관으로 선호하는 나무가 있을까요. 이런 말을 꺼내는 것조차 불경하게 여겨지지만, 언젠가 할머니에게 물어보고 싶다는 생각이 들었어요. 남자A가 말한 '감자탕집 김가'가 그랬던 것처럼 솔송관을 하고 싶을까요? 만약 제가 그 사실을 모른 채 다른 나무를 선택해버리면 어찌한단 말인가요.

 저 멀리서 누군가가 오고 있습니다. 제가 사온 이 중고 카메라의 다음 주인일지도 모르겠네요.


　　　　　　오래된 카메라 가게 앞에서 사랑을 담아, 다영.

사랑을 담아, 다영

to. _

 저는 여행을 가면 꼭 손편지를 씁니다. 연고도 없는 해외 우체국에서 엽서를 보내는 건 제법 용기가 필요한 일입니다. 추적도 안 되고 어디서 유실됐는지 알 수도 없거든요. 프라하, 도쿄, 치앙마이, 다낭, 판교, 대구, 영월… 여러 곳에서 엽서를 보냈습니다. 개중 몇몇은 수에즈 운하와 홍해를 거쳐 말라카 해협, 태평양을 지나면서 사라지기도 했어요. 어쩌면 항해사가 깜박 조는 사이 버뮤다 삼각지대까지 흘러갔을지도 모를 일이죠. 가끔 어떤 엽서는 아이스크림과 카라멜 범벅으로 도착하기도 했대요. 아무튼 조그만 엽서가 여러 사람의 손을 거치고 힘주어 제자리로 도착하는 것만큼 기적적인 것 없을 텝니다.

프라하에서 엽서를 보낸 날의 일입니다. 날이 추워서 핫초코 한 잔과 토스트를 테이크아웃해 우체국으로 향했습니다. 우체국은 한국인들이 좋아하는 관광지나 랜드마크가 아니기에 블로그를 뒤져도 오래된 정보들밖에 없어서, 직접 방문하지 않고서는 우체국이 어떤 식으로 돌아가는지 알 수 없는지라 마음이 조급해졌어요. 전날은 일요일, 다음 날은 출국일. 엽서를 보낼 수 있는 날은 월요일 하루뿐이었으니까요.

외국에서 우체국 가는 날엔 매번 마음이 한 옥타브 올라가는 기분이 들어요. 들뜨고 긴장됩니다. 엽서들에 꾹꾹 눌러 쓴 마음이 중간에 유실될까 하는 불안함과 걱정이, 고백을 앞둔 사람 같기도 하고요.

프라하 중앙우체국은 하벨 시장이나 알폰스 무하 박물관과도 멀지 않아서, 프라하에서 가장 많은 사람이 방문하는 우체국 중 하나입니다. 그래서일까 사람이 제법 많았습니다. 청원경찰에게 '엽서를 부치러 왔어요'라고 말하고 번호표를 발급받아 대기석에 앉았습니다. 벽면이 온통 알폰스 무하 그림으로 가득 차 있었습니다. 청원경찰이 조심스레 '노 포토. 노 포토. 비코즈 오브 더 픽쳐스. 알폰스 무하 디 오리지널 픽쳐.'라며 일러줬습니다. 알폰스 무하 그림 때문인지 비가시적이고 환상적인 공간에 온 것 같았어요. 생과 사를 나누는 플랫폼에 들어선 것 같기도 했어요. 손에 쥔 엽서 더미를 조물조물 만져봤습니다. 문득 제가 갈망하는 생의 증명은 모두 이 엽서 안에 담겨 있다는 생각이 들었습니다. 어쩌면 메아리가 되어버릴 수 있는 이 엽서들을 하나하나 만지고 볼에 대보았어요. 그리고 작게 말했습니다.

'유실되지 말자.'

라캉이 "시와 행위 사이에는 하나의 세계가 있을 뿐이다"라고 했던가요. 저는 '시'를 '엽서'로 바꿔 읽어 보고 싶습니다. 엽서를 쓰는 동안 전혀 지루하거나 힘들지 않았습니다. 오히려 어떤 꼭대기에 있는 세계와 제 힘줄을 잡아끌어 잇는 느낌이었어요. 고요히 누군가의 얼굴 윤곽을 쓰다듬는 것 같기도 했고요.

치앙마이에서 엽서를 보내던 때의 이야기도 있습니다. 땀을 뻘뻘 흘리며 카페 테라스에서 엽서를 쓰던 일이 정말 즐거웠어요. 종교는 없지만, 편지들을 등에 업고 왓 쩨디 루앙, 인타킨, 왓 우몽 같은 사원들을 쏘다니며 기도도 했습니다. 20바트를 내고 향을 꽂거나 절 올리는 사람들을 먼발치에서 지켜보기도 했어요. 누군가에게 보낼 편지를 들고 있다는 사실만으로도 신 앞에서 당당하고 든든한 기분이 들었습니다.

치앙마이 여행 기간이 마침 신년 휴무와 겹쳐서, 열려 있는 우체국을 찾는 일은 쉽지 않았습니다. 그랩 오토바이를 타고 우체국 세 군데를 돌았지만 모두 닫혀 있어서, 결국 우편을 취급하는 가게로 갔어요. 그곳에서 엄마 뻘 사장님과 함께 작고 낡은 선풍기 앞에서 우표를 붙였어요. 사장님이 말했습니다.

"가게를 오픈한 이후로 이렇게 많은 양의 우표를 사는 사람은 없었다."

통 편지하는 사람이 없는 모양입니다.

엽서를 보낸 날, 한국에서 아주 큰 비행기 사고가 있었다는 뉴스를 봤습니다. 제가 가진 모든 비극을 가뿐히 뛰어넘는 슬픔이었습니다. 가슴 속의 어떠한 커다란 산이 무너지고 흩어지는 기분이었어요. 다음 날은 종일 일정을 취소하고 숙소에만 머물렀습니다. 저릿하고 또렷한 환상통, 미리 보내버린 엽서에 대한 후회, 같은 나라를 무사히 여행하는 죄책감… 한국에 돌아오고 나서도 한동안 안부 묻는 일이 어려웠던 기억이 납니다.

은하수가 별들로만 이루어져 있다고 생각했던 때가 있습니다. 그러다 한 과학책에서 읽었는데요, 은하수 속 별들 사이에는 성간 물질들이 모여 있다고 해요. 별빛들 사이의 성간 물질에 의해 산란되어 은하수가 선명하지 않고 희뿌연 띠처럼 보인다고요. 한 사람 한 사람이 별이라면, 말하고, 감싸고, 치유하고, 절망에 맞서고, 도망치고, 시도하고, 고개를 들고, 애쓰는 것들은 따지자면 성간 물질인가 봅니다. 그 때문에 희뿌옇게 보일 때도 있지만, 사실은 그것들이 별을 이어 주고 있는 걸지도 모르겠어요.

 그래서 저는 언제까지고 자주 궁금하고, 들여다보고, 문 두드리는 사람일 겁니다.

 편지와 안부가 많아지는 세상이 되면 좋겠습니다. 슬픈 일이 많지만… 제가 할 수 있는 한, 힘껏 함께 슬퍼해보겠습니다.


어디에서든지 사랑을 담아 다영.

# 에필로그(...계속)

에필로그로 어떤 글을 쓸지 고민했습니다. 그러다 문득 이전에 써둔 유서를 꺼내 보자고 생각했죠. 아래는 이십 대에 미리 써둔 유서 중 일부입니다. 이 글을 마지막으로 책을 마무리합니다. 모두 조금 덜 괴롭고, 더 떳떳하고, 최대치로 행복하세요.

 안녕하셨어요. 가장 안녕하지 않을 순간에 '안녕'이라는 단어를 신중하게 고르고 있는 저도 웃기지만… 아무튼 남겨진 사람들은 안녕하세요?

어린 나이에 세상을 떠난 저희 삼촌 묘비명엔 이렇게 적혀 있어요.

[보고 싶고 보고 싶은 우리 동생. 이 생에서 못다 한 정! 다음 생엔 꼭 함께 하자꾸나… 사랑한다.]

토시 한 톨 틀리지 않고 옮겨 적어봅니다. 삼촌이 쓴 건 아니고요, 저희 아빠가 썼어요. 그래서 유서를 쓰고 미리 발견될 수 있다는 게 행운이란 걸 알고 있어요. 말간 모습으로 함께 선릉을 오르던 언니, 횟감을 썰어주며 좀 더 있다 가라던 이모, 건강이 나아지면 끝내주는 횟집을 소개해 주겠다던 직장 동료… 다들 마지막엔 무슨 말을 하려고 뻐끔댔을까요. 짜증 나게도 그 사람들은 유서 같은 걸 남겨 놓질 않았거든요. 저는 끝도 없던 많은 날들을 그들의 생전 클루만 쫓아다녔죠. '내가 뭘 놓쳤던 거지?', '어떤 말을 하고 싶었던 거지?', '그 말은 무슨 의미였던 거지?' 하면서요. 더는 개정판도 새 시리즈도 나오지 않는 추리소설의 열혈 독자가 된 것 같은 지경이었다니까요. 이 에필로그(이자 유서)는 이 글의 독자에게 주는 저의 마지막 친절이자 안녕입니다.

인정할게요. 열심히 살고 있는 줄 알았건만, 열심히 죽어 가던 날들. 유서라는 심각한 분위기와 썩 어울리진 않지만, 석촌역에 있는 어떤 카페가 생각나요. 카야잼 토스트가 정말 맛있다고 소문난 곳이었는데요. 아, 그렇다고 가본 건 아니고 이야기를 들었어요. 리뷰도 봤고요. 친구와 약속을 잡고 방문할 만한 감성 카페도 아니고, 굳이 버스 타고 찾아갈 만한 가까운 동선에 있는 곳도 아니라서 안 갔는데요. 결국 그 카야잼 토스트를 한 번 못 먹어봤어요. 돌연 그 가게가 사라지고 웬 다단계 화장품 회사가 들어선 걸 봤거든요.

 어쩌면 전 매번 그런 방식으로 살아왔던 걸까요. 아는 척, 가본 척, 무섭지 않은 척, 미련 남지 않은 척, 괜찮은 척, 이해한 척, 비판에도 냉철한 척, 남들과 비슷하게 사는 척… (N개의 이하동문)

 말 나온 김에 거짓말도 하나 고백할까요. 저는 입버릇처럼 이런 것들(퍼킹 비치 해대는 래퍼들, 지하철 칸막이 구분을 지키지 않고 자꾸 허벅지를 밀어대는 노인들, 부끄러움을 모르고 길을 막으며 릴스를 찍는 예쁜 인플루언서, 애교와 유아 퇴행, 한남 한녀 된장녀 같은 혐오 단어, 정치인의 씨알도 먹히지 않을 포퓰리즘, 전 남자친구의 바람)이 싫다고 말했는데요. 사실 그거 다 싫지 않아요. 진짜 싫은 건, 그런 것들을 싫어하는 제 자신이었죠. 더 솔직하게는 그것들까지 사랑해 내지 못하는 제 그릇이 미웠던 것일지도요.

그런 저도 가장 사랑하고 아끼는 게 있었다면, 그건 바로 제 자신이었어요. 좌절하는 다영, 베푸는 다영, 최후방으로 도망치는 다영, 고유한 말투가 있는 다영, 더는 부끄러워지지 않기 위해 발버둥 치는 다영, 유수의 작가들을 질투하는 다영, 마음속 실마리를 찾아보려는 다영, 비로소 다영에 가까워진 다영.

지금 소스라치게 아쉬운 것이 있다면, '사랑하는 저'를 이곳에 놓고 간다는 것 정도일까요. 그러니 저를 사랑했던 모든 사람들, 제 떠남에 가장 슬퍼하는 것은 저라는 사실을 기억하고 조금만 슬퍼해주세요. 저는 저를 잃음과 동시에 사랑하는 사람을 잃은 자니. 아, 할 말이 너무 많아서 할 말이 없어요.

제 묘비명엔 이렇게 적어 주시겠어요?

… [계속]

# 모서리가 무너지고 있어요

이다영 지음

초판 1쇄 발행 2025년 10월 22일

펴낸곳  숲물결
펴낸이  이성혁
편집  이성혁
표지 일러스트  moss
도움  김연서 강지윤
전자우편  forestwave.official@gmail.com
저자 인스타그램  2.hopper
출판사 인스타그램  forestwave.official
출판 등록 2023년 5월 10일 제2023-000022호

ISBN 979-11-983216-6-4(03810)

이 책의 본문은 '을유1945'서체를 사용하였습니다.
일러스트는 생성형 AI를 이용하여 만들어졌습니다.

이 책은 저작권법에 따라 보호받는 저작물이므로
무단 전재와 복제를 금합니다.
이 책 내용의 전부 또는 일부를 이용하려면
반드시 저작권자와 출판사의 동의를 받아야 합니다.

책값은 뒤표지에 표시되어 있으며,
잘못된 책은 교환해 드립니다.